Руководство ОЭСР-ФАО по ответственным производственно-сбытовым цепочкам в сфере сельского хозяйства

Настоящий документ и любые содержащиеся в нем данные и карты не затрагивают статуса территорий и их суверенитета, делимитацию государственных границ и пограничных линий, а также названия территорий, городов и областей. Названия стран и территорий, которые встречаются в данном совместном издании, указаны с учетом общепринятой практики ФАО.

Статистические данные по Израилю предоставлены компетентными органами Израиля под их ответственность. Использование этих данных ОЭСР не является отражением предвзятого отношения к статусу Голанских высот, Восточного Иерусалима и израильских поселений на Западном берегу согласно нормам международного права.

Вступление

Руководство ОЭСР-ФАО по ответственным производственно-сбытовым цепочкам в сфере сельского хозяйства (Руководство) разработано в помощь предприятиям при соблюдении существующих стандартов ответственного ведения бизнеса на всех звеньях сельскохозяйственной производственно-сбытовой цепочки. К таким стандартам относятся Руководящие принципы ОЭСР для многонациональных предприятий, Принципы ответственного инвестирования в сельскохозяйственные и продовольственные системы и Добровольные руководящие принципы ответственного регулирования вопросов владения и пользования земельными, рыбными и лесными ресурсами в контексте национальной продовольственной безопасности. Соблюдение таких стандартов позволяет предприятиям минимизировать негативные последствия от своей деятельности и способствует устойчивому развитию.

Руководство предназначено для всех предприятий, осуществляющих свою деятельность на разных звеньях сельскохозяйственной производственно-сбытовой цепи, в том числе отечественных и зарубежных, частных и государственных, малых, средних и крупных предприятий. Оно затрагивает все сферы сельскохозяйственного производства: начиная от поставки сырья и заканчивая производством, послеуборочной обработкой, переработкой, транспортировкой, сбытом, распределением и розничной торговлей. Рассматриваются следующие аспекты рисков, которые могут возникать на протяжении производственно-сбытовых цепочек в сфере сельскохозяйственной продукции: права человека; трудовые права; охрана труда и техника безопасности; продовольственная безопасность и питание; право владения и пользования природным ресурсам; благополучие животных; охрана окружающей среды и устойчивое использование природных ресурсов; управление; технологии и инновации.

Руководство состоит из четырех разделов:

- *Типовая политика предприятия, определяющая стандарты, которые предприятия должны соблюдать для создания ответственных производственно-сбытовых цепей в сфере сельского хозяйства*

- *Система проведения комплексной риск-ориентированной экспертизы, содержащая описание пяти шагов, которые должны быть предприняты предприятиями для определения, оценки, минимизации и учета мер по устранению неблагоприятных воздействий от своей деятельности*

- *Описание основных рисков, с которыми сталкиваются предприятия, и меры по минимизации таких рисков*

- *Руководство по вопросам взаимодействия с коренными народами.*

Руководство было разработано ОЭСР и ФАО в рамках двухлетнего цикла многосторонних консультаций. Оно было утверждено Комитетом по инвестициям ОЭСР, Комитетом ОЭСР по сельскому хозяйству и Кабинетом Генерального директора ФАО. 13 июля 2016 года Совет ОЭСР принял Рекомендацию по Руководству. И хотя Рекомендация не является обязательной для исполнения, она отражает общую позицию и программные обязательства государств-членов и не членов ОЭСР.

ОЭСР также разработала специализированное руководство, чтобы помочь предприятиям в создании ответственных производственно-сбытовых цепей в других секторах, в частности: добывающая промышленность, и в особенности добыча полезных ископаемых в районах, затронутых конфликтом, и в районах повышенного риска; одежда и обувь; и финансы.

Оглавление

Таблица

Рисунки

Вставки

Следите за публикациями ОСЭР по адресу:

 http://twitter.com/OECD_Pubs

 http://www.facebook.com/OECDPublications

 http://www.linkedin.com/groups/OECD-Publications-4645871

 http://www.youtube.com/oecdilibrary

 http://www.oecd.org/oecddirect/

Следите за ФАО:

 Продовольственная и сельскохозяйственная организация Объединенных Наций

 twitter.com/FAOstatistics
twitter.com/FAOKnowledge
twitter.com/FAOnews

 www.facebook.com/UNFAO

 www.linkedin.com/company/fao

 plus.google.com/+UNFAO

 www.instagram.com/unfao

 www.youtube.com/user/FAOoftheUN

Аббревиатуры и сокращения

CAO	советник по контролю за соблюдением уставных требований МИГА
IFPRI	Международный научно-исследовательский институт продовольственной политики
ВБ	Всемирный банк
ВОЗ	Всемирная организация здравоохранения
долл. США	доллар США
ДРП РВ	Добровольные руководящие принципы ответственного регулирования вопросов владения и пользования земельными, рыбными и лесными ресурсами в контексте национальной продовольственной безопасности
ЕС	Европейский союз
КБР	Конвенция о биологическом разнообразии
КВПБ	Комитет по всемирной продовольственной безопасности
КЛДЖ	Конвенция о ликвидации всех форм дискриминации в отношении женщин
КСО	корпоративная социальная ответственность
МДГРР	Международный договор о генетических ресурсах растений для производства продовольствия и ведения сельского хозяйства
МИГА	Многостороннее агентство по гарантированию инвестиций
МНП	многонациональное предприятие
МОТ	Международная организация труда
МПЭСКП	Международный пакт об экономических, социальных и культурных правах

МФК	Международная финансовая корпорация
МФСР	Международный фонд сельскохозяйственного развития
МЭБ	Всемирная организация по охране здоровья животных
НКЦ	национальный контактный центр
НПО	неправительственная организация
ОВБ	ответственное ведение бизнеса
ОВОС	оценка воздействия на окружающую среду
ОВОС ССПЧ	оценка воздействия на окружающую среду, социальную сферу и права человека
ОИСХ-КВПБ	Принципы ответственного инвестирования в сельское хозяйство и продовольственные системы Комитета по всемирной продовольственной безопасности
ООН	Организация Объединенных Наций
ОЭСР	Организация экономического сотрудничества и развития
ПИИ	прямые иностранные инвестиции
ПОИСХ	Принципы ответственного инвестирования в сельское хозяйство, обеспечивающие учет прав, источников существования и ресурсов, разработанные Продовольственной и сельскохозяйственной организацией Объединенных Наций (ФАО), Международным фондом сельскохозяйственного развития (МФСР), Конференцией ООН по торговле и развитию (ЮНКТАД) и Всемирным банком
СПОС	свободное, предварительное и осознанное согласие
США	Соединенные Штаты Америки
ФАО	Продовольственная и сельскохозяйственная организация Объединенных Наций
ЮНКТАД	Конференция ООН по торговле и развитию

Предисловие

Руководство ОЭСР-ФАО по ответственным производственно-сбытовым цепочкам в сфере сельского хозяйства является ответом на острую потребность в практическом руководстве по ответственному ведению бизнеса для предприятий, занятых в сельскохозяйственном секторе. В последние годы наблюдается увеличение инвестиций в сельское хозяйство, которые, как ожидается, продолжат расти по мере дальнейшего расширения сектора для удовлетворения растущего спроса. По мере роста инвестиций в сектор также расширилось понимание того, что они должны быть ответственными. Стандарты ответственного ведения бизнеса на протяжении производственно-сбытовых цепей в секторе сельского хозяйства важны для обеспечения широкого распространения преимуществ и непрерывности выполнения сектором сельского хозяйства своих многочисленных функций, в том числе обеспечения продовольственной безопасности, снижения уровня бедности и достижения экономического роста.

Руководство ОЭСР-ФАО разрабатывалось с октября 2013 года по сентябрь 2015 года под руководством многосторонней Консультативной группы, состоящей из представителей государств-членов и не членов ОЭСР, представителей частного сектора и гражданского общества. Председателем Консультативной группы стал Дэвид Хегвуд, руководитель отдела глобального взаимодействия и стратегии Бюро по продовольственной безопасности при Агентстве США по международному развитию. Три заместителя Председателя представляют различные группы заинтересованных сторон: Мелла Фрюен, генеральный директор FoodDrink Europe; Бернд Шанценбахер, основатель и управляющий партнер EBG Capital; и Крис Дженовезе, старший научный сотрудник Центра исследований многонациональных корпораций (СОМО) и координатор международной сети «OECD Watch».

В ходе своей работы Консультативная группа провела три очных заседания и три консультации в виде видеоконференции. Первое заседание состоялось 16 октября 2013 года, а два последующих совещания – 26 июня 2014 года и 16 марта 2015 года соответственно. 18 июня 2015 года также было проведено совместное совещание с Консультативной группой по активному взаимодействию с заинтересованными сторонами в добывающем секторе для обсуждения вопроса о свободном, предварительном и осознанном согласии. Видеозвонки были организованы 10 февраля 2014 года, 28 мая 2014 года и 7 января 2015 года. В январе и феврале 2015 года были проведены онлайн-консультации с общественностью для получения замечаний по проекту Руководства от более широкого круга заинтересованных сторон.

Для Руководства ОЭСР-ФАО также полезными оказались выводы Глобального форума по ответственному ведению бизнеса, состоявшемуся в 2014 и 2015 годах. 27 июня 2014 года на специальной сессии, посвященной ответственным производственно-сбытовым цепочкам в сфере сельского хозяйства, были определены основные риски, с которыми сталкиваются предприятия при инвестировании в сельскохозяйственные производственно-сбытовые цепи, а также проведено обсуждение мер, которые могут быть предприняты правительствами и предприятиями для минимизации таких рисков и обеспечения выгодности инвестирования в сектор сельское хозяйство как для стран происхождения и принимающих государств, так и для инвесторов. 19 июня 2015 года состоялось коллегиальное обсуждение ролей и обязанностей различных видов предприятий, осуществляющих свою деятельность на протяжении производственно-сбытовых цепочек в секторе сельского хозяйства, и механизмов их взаимодействия при проведении комплексной оценки.

Многообразие точек зрений, представленных среди представителей Консультативной группы, способствовало разработке руководства, в котором подчеркивается важность уважения прав всех заинтересованных сторон, испытывающих на себе негативное воздействие деятельности на протяжении производственно-сбытовых цепей в секторе сельского хозяйства, определяются роли и обязанности предприятий, осуществляющих свою деятельность на протяжении таких цепей и предлагаются практические подходы для минимизации рисков, с которыми сталкиваются предприятия. Мы уверены, что настоящее Руководство ОЭСР-ФАО станет полезным инструментом, являющимся ориентиром для предприятий при проведении комплексной оценки. Мы считаем, что оно также будет способствовать соблюдению существующих стандартов, которые рассматривались во время его разработки.

Дэвид Хегвуд

Председатель многосторонней Консультативной группы и руководитель отдела глобального взаимодействия и стратегии Бюро по продовольственной безопасности при Агентстве США по международному развитию

Рекомендация Совета по Руководству ОЭСР-ФАО по ответственным производственно-сбытовым цепочкам в сфере сельского хозяйства

13 июля 2016 года

СОВЕТ,

ПРИНИМАЯ ВО ВНИМАНИЕ статью 5 b) Конвенции об Организации экономического сотрудничества и развития от 14 декабря 1960;

ПРИНИМАЯ ВО ВНИМАНИЕ Декларацию о международных инвестициях и многонациональных предприятиях [C(76)99/FINAL], Решение Совета по Руководящим принципам ОЭСР для многонациональных предприятий [C(2000)96/FINAL с поправками, внесенными C/MIN(2011)11/FINAL] (далее «Решение о руководящих принципах»), Конвенцию по борьбе с подкупом иностранных должностных лиц при осуществлении международных коммерческих сделок, Рекомендацию Совета по руководящим принципам касательно комплексной проверки ответственных цепочек поставок полезных ископаемых из районов, затронутых конфликтом, и районов повышенного риска [C/MIN(2011)12/FINAL с поправками, внесенными C(2012)93], и Рекомендацию Совета по концепции политики в области инвестиций [C(2015)56/REV1];

ПРИЗНАВАЯ, что правительства, рекомендующие соблюдение Руководящих принципов для многонациональных предприятий (далее «Руководящие принципы»), преследуют общую цель по обеспечению ответственного ведения бизнеса;

ТАКЖЕ ПРИЗНАВАЯ, что Решением о Руководящих принципах предусматривается, что Комитет по инвестициям совместно с национальными контактными лицами реализует повестку дня при сотрудничестве с заинтересованными сторонами в целях содействия эффективному соблюдению предприятиями принципов и стандартов, содержащихся в Руководящих принципах по конкретным продуктам, регионам, секторам или отраслям;

УЧИТЫВАЯ усилия, предпринимаемые международным сообществом, в частности Комитетом по всемирной продовольственной безопасности и Продовольственной и сельскохозяйственной организацией Объединенных Наций (ФАО), для обеспечения ответственного инвестирования в сельскохозяйственные и продовольственные системы и ответственного управления землепользованием, рыболовством и лесами;

ПРИЗНАВАЯ, что создание ответственных сельскохозяйственных производственно-сбытовых цепей является крайне важным для обеспечения устойчивого развития;

ПРИЗНАВАЯ, что правительства, предприятия, организации гражданского общества и международные организации могут полагаться на свои соответствующие компетенции и роли для создания ответственных сельскохозяйственных производственно-сбытовых цепей, приносящих пользу обществу в целом;

ОТМЕЧАЯ, что комплексная оценка является постоянным, упреждающим и реактивным процессом, посредством которого предприятия могут обеспечить соблюдение принятых правительством стандартов по ответственным сельскохозяйственным производственно-сбытовым цепочкам, связанных с вопросами прав человека, трудовых прав; охраны труда и техники безопасности; продовольственной безопасности и питания; права собственности и права на доступ к природным ресурсам; благополучия животных; охраны окружающей среды и устойчивого использования природных ресурсов; управления; и технологий и инноваций.

ПРИНИМАЯ ВО ВНИМАНИЕ Руководство ОЭСР-ФАО по ответственным производственно-сбытовым цепочкам в сфере сельского хозяйства [C(2016)83/ADD1] (далее «Руководство»), которое может быть изменено в соответствии с установленным порядком Комитетом по инвестициям и Комитетом по сельскому хозяйству при сотрудничестве с ФАО;

ОТМЕЧАЯ, что в настоящем Руководстве предлагается типовая политика предприятия, определяющая содержание существующих стандартов в области ответственных производственно-сбытовых цепей в сфере сельского хозяйства, и пятиступенчатая система проведения комплексного анализа, содержащая описание шагов, которые должны соблюдаться предприятиями для определения, оценки, минимизации и учета мер по устранению фактических и потенциальных неблагоприятных последствий от их деятельности или деловых отношений;

По предложению Комитета по инвестициям и Комитета по сельскому хозяйству:

I.   **РЕКОМЕНДУЕТ** странам-членам и не членам, присоединившимся к настоящей Рекомендации (далее «Присоединившиеся страны») и в соответствующих случаях национальным контактным лицам по Руководящим принципам (далее – «НКЛ») оказывать активное содействие использованию Руководства предприятиями, осуществляющими свою деятельность на или с их территорий, с целью обеспечения соблюдения ими согласованных на международном уровне стандартов ответственного ведения бизнеса в пределах сельскохозяйственных производственно-сбытовых цепочек в целях предотвращения неблагоприятных последствий их деятельности и содействия устойчивому развитию, в частности снижению уровня бедности, обеспечению продовольственной безопасности и гендерного равенства;

II. **РЕКОМЕНДУЕТ**, в частности, Присоединившимся странам принимать активные меры по поддержке принятия типовых политик предприятиями, осуществляющими свою деятельность на или с их территорий, и внедрению в системы корпоративного управления представленной в Руководстве пятиступенчатой системы проведения комплексной оценки рисков в рамках сельскохозяйственных производственно-сбытовых цепей;

III. **РЕКОМЕНДУЕТ,** чтобы Присоединившиеся страны и в соответствующих случаях НКЛ при поддержке Секретариата ОЭСР, в том числе в рамках своей деятельности с Организацией Объединенных Наций и международными организациями по развитию, способствовали максимально широкому распространению Руководства и его активному использованию различными заинтересованными сторонами, в том числе фермерскими организациями, а также предприятиями, осуществляющими деятельность в сфере поставки сырья и производства, затронутыми сообществами и организациями гражданского общества, и регулярному информированию Комитета по инвестициям и Комитета по сельскому хозяйству о любых мероприятиях по распространению и осуществлению;

IV. **ПРЕДЛАГАЕТ** Присоединившимся странам и Генеральному секретарю распространить настоящую Рекомендацию;

V. **ПРЕДЛАГАЕТ** не Присоединившимся странам должным образом учитывать и соблюдать настоящую Рекомендацию;

VI. **ПОРУЧАЕТ** Комитету по инвестициям и Комитету по сельскому хозяйству контролировать выполнение Рекомендации и представлять доклады Совету не позднее чем через пять лет после принятия и в соответствии с установленным порядком в течение последующего периода времени.

1. Введение

Справочная информация

Сектору сельского хозяйства[1], в котором по всему миру работает свыше 570 миллионов фермерских хозяйств, необходимо и в дальнейшем привлекать дополнительные инвестиции. Это в особенности касается региона Южной Азии и стран Африки к югу от Сахары, для которых характерна относительно невысокая стоимость основных производственных фондов сельскохозяйственного назначения в расчете на одного работника – 1700 долл. США и 2200 долл. США соответственно, по сравнению с 16 500 долл. США в Латинской Америке и странах Карибского бассейна и 19 000 долл. США в Европе и Центральной Азии (ФАО, 2012 и 2014). Прогнозируется, что в ближайшее десятилетие цены на сельскохозяйственную продукцию останутся высокими по сравнению с уровнем цен в годы, предшествовавшие скачку цен в 2007–2008 годах, поскольку рост населения, рост доходов и изменения в рационе питания приведут к увеличению спроса на продукты питания. Также наблюдается рост спроса на непродовольственную сельскохозяйственную продукцию (OECD/FAO, 2015).

Предприятия, осуществляющие свою деятельность на разных звеньях производственно-сбытовой цепи в секторе сельского хозяйства, могут в значительной степени способствовать достижению устойчивого развития посредством создания рабочих мест и привлечения экспертных знаний, технологий и финансовых средств для устойчивого увеличения сельскохозяйственного производства и повышения качества производственно-сбытовых цепей. Все это может повысить уровень продовольственной и пищевой безопасности и способствовать достижению целей развития в принимающем государстве. Согласованные на международном уровне принципы ответственного ведения бизнеса (далее – «ОВБ»)[2] позволяют предприятиям вносить свой вклад в дело дальнейшего устойчивого развития. Они уже применяются многими предприятиями. Риск несоблюдения этих принципов может усугубиться, поскольку новые участники, такие, как институциональные инвесторы, все более активно участвуют в сельскохозяйственных производственно-сбытовых цепочках и все большее число инвесторов ориентируется на новые рынки, в том числе в странах со слабой системой управления.

Ознакомление предприятий, участвующих в сельскохозяйственных производственно-сбытовых цепочках, с порядком соблюдения существующих стандартов ОВБ[3] имеет важное значение для предотвращения возникновения неблагоприятных воздействий и обеспечения выгодности инвестирования в аграрный сектор для предприятий[4], правительств и общества, а также обеспечения устойчивого развития, и, в частности, сокращения масштабов нищеты, повышения продовольственной безопасности и гендерного равенства. К числу предприятий, на которые распространяется действие настоящего Руководства по ответственным производственно-сбытовым цепочкам в сфере сельского хозяйства (далее –

«Руководство»), относятся предприятия, непосредственно занимающиеся сельскохозяйственным производством, например, мелкие производители, а также другие субъекты, задействованные в рамках деловых отношений[5], такие, как инвестиционные фонды, независимые финансовые фонды или банки[6].

Назначение

Руководство разработано в помощь предприятиям для соблюдения существующих стандартов ОВБ в области производственно-сбытовых цепей в сельскохозяйственном секторе[7], в том числе Руководящих принципов ОЭСР для многонациональных предприятий (далее – «Руководящие принципы ОЭСР»). Оно предназначено для предупреждения рисков оказания неблагоприятного воздействия на окружающую среду, социальную сферу и права человека, являясь потенциально полезным дополнением в работе национальных контактных центров (НКЦ), задача которых заключается в повышении эффективности Руководящих принципов ОЭСР (см. Вставку 1.1). Оно может быть полезно правительствам, особенно НКЦ, в их усилиях по продвижению Руководящих принципов ОЭСР и уточнению существующих стандартов в сельскохозяйственном секторе.

Руководство, ссылающееся на существующие стандарты, помогает предприятиям соблюдать эти стандарты и проводить комплексный анализ рисков. Оно ссылается только на те Руководящие принципы ОЭСР и другие стандарты, которые наиболее всего актуальны для сельскохозяйственных производственно-сбытовых цепей, и не ставит перед собой цель заменить их. Таким образом, предприятия должны непосредственно обращаться к каждому из таких стандартов, прежде чем делать какие-либо заявления относительно их соблюдения. Не все страны, присоединившиеся к Декларации о международных инвестициях и многонациональных предприятиях, неотъемлемой частью которой являются Руководящие принципы ОЭСР, или государстве-члены ФАО одобряют рассматриваемые в настоящем Руководстве стандарты.

Сфера действия

В Руководстве учтены следующие существующие стандарты, касающиеся вопросов ответственного ведения бизнеса на протяжении производственно-сбытовых цепей в сельскохозяйственной сфере:

- Руководящие принципы ОЭСР для многонациональных предприятий (Руководящие принципы ОЭСР)

- Принципы ответственного инвестирования в сельское хозяйство и продовольственные системы Комитета по всемирной продовольственной безопасности (Принципы ОИСХ-КВПБ)

- Добровольные руководящие принципы ответственного регулирования вопросов владения и пользования земельными, рыбными и лесными ресурсами в контексте национальной продовольственной безопасности Комитета по всемирной продовольственной безопасности (ДРП РВ)

- Принципы ответственного инвестирования в сельское хозяйство, обеспечивающие учет прав, источников существования и ресурсов (ПОИСХ), разработанные

Продовольственной и сельскохозяйственной организацией Объединенных Наций (ФАО), Международным фондом сельскохозяйственного развития (МФСР), Конференцией ООН по торговле и развитию (ЮНКТАД) и Всемирным банком

- Руководящие принципы предпринимательской деятельности в аспекте прав человека: [осуществление рамочных программ ООН в отношении защиты, соблюдения и средств правовой защиты] (Руководящие принципы ООН)

- Трехсторонняя декларация Международной организации труда о принципах, касающихся многонациональных предприятий и социальной политики (Декларация МОТ)

- Конвенция о биологическом разнообразии (КБР), в том числе Добровольные руководящие принципы Агуэй-гу

- Конвенция о доступе к информации, участии общественности в процессе принятия решений и доступе к правосудию по вопросам, касающимся окружающей среды, Европейской экономической комиссии ООН (Орхусская конвенция).

Вышеуказанные стандарты соответствуют следующим трем критериям, установленным Консультативной группой[8]: были согласованы и/или утверждены в рамках межправительственного процесса; касаются производственно-сбытовых цепочек в сельскохозяйственной сфере; и ориентированы, в частности, на бизнес/инвестиционное сообщество. Вставка 1.1. содержит более детальное описание четырех основных стандартов, которые были учтены в настоящем Руководстве. В Руководстве также учтены следующие стандарты, которые не соответствуют этим критериям, но которые широко применяются в той мере, в которой они соответствуют указанным выше стандартам:

- Стандарты деятельности Международной финансовой корпорации

- Принципы Глобального договора ООН

Дополнительные документы, такие, как соглашения ООН по правам человека, также учитываются в тех случаях, когда они имеют отношение к выполнению вышеуказанных стандартов. Кроме того, для предприятий может быть полезно отсылка к другим стандартам, которые не были учтены в настоящем Руководстве, а также к более специализированным инструментам и рекомендациям: их перечень доступен онлайн[9].

Вставка 1.1. **Описание основных стандартов, рассмотренных в Руководстве**

Руководящие принципы ОЭСР для многонациональных предприятий *(Руководящие принципы ОЭСР):* Руководящие принципы являются одной из четырёх частей Декларации ОЭСР о международных инвестициях и многонациональных предприятиях 1976 года, в рамках которой присоединившиеся к ней государства берут на себя обязательства по созданию открытой и прозрачной среды для международных инвестиций и стимулированию положительного вклада многонациональных предприятий (МНП) в социально-экономический прогресс. В настоящее время к Декларации присоединились 46 государств: 34 государства-члены ОЭСР и 12 государств не членов[1]. Руководящие принципы ОЭСР неоднократно пересматривались, последний раз в 2011 году. Они представляют собой наиболее полный набор поддерживаемых правительством рекомендаций о том, что относится к ответственному ведению бизнеса (ОВБ). Они охватывают девять основных направлений ОВБ: раскрытие информации, права человека, трудовые и производственные отношения, охрана окружающей среды, борьба со взяточничеством, интересы потребителей, наука и технологии, конкуренция, налогообложение. Они адресованы правительствам МНП, осуществляющих деятельность на или с территории присоединившихся стран. Присоединившиеся государства обязуются создать Национальные контактные центры (НКЦ), которые призваны способствовать эффективности Руководящих принципов посредством осуществления рекламной деятельности, обработки запросов и создания платформы для согласительных процедур и медиации для решения вопросов, которые возникают в процессе соблюдения Руководящих принципов. Руководящие принципы представляют собой первый международный документ, в котором интегрированы вопросы корпоративной ответственности в целях соблюдения прав человека, как это предусмотрено в Руководящих принципах ООН для бизнеса по правам человека. Руководящие принципы также являются первым международным документом по вопросам корпоративной ответственности, в котором вопросы проведения комплексного анализа рисков инкорпорированы в основные сферы деловой этики[2].

Принципы ответственного инвестирования в сельское хозяйство и продовольственные системы *(Принципы ОИСХ-КВПБ):* Принципы были разработаны в ходе межправительственных консультаций и переговоров под эгидой Комитета по всемирной продовольственной безопасности (КВПБ) в 2012–2014 годах, в которых участвовали организации гражданского общества, частного сектора, ученые, исследователи и международные организации. Они были одобрены 15 октября 2014 года на 41-й сессии КВПБ. Они носят добровольный и необязательный характер и касаются всех видов инвестирования в сельскохозяйственные и продовольственные системы. Они содержат десять основных принципов, касающихся: продовольственной безопасности и питания; устойчивого и всестороннего экономического развития и искоренения нищеты; гендерного равенства и расширения прав и возможностей женщин; молодежи; прав владения земельными, лесными и рыбными ресурсами и доступа к воде; устойчивого управления природными ресурсами; культурного наследия, традиционных знаний, разнообразия и инноваций; безопасного и благоприятного для здоровья сельского хозяйства; всеобъемлющих и прозрачных структур управления, процессов и механизмов рассмотрения жалоб; воздействия и ответственности. Дополнительный раздел описывает роли и обязанности заинтересованных сторон.

Добровольные руководящие принципы ответственного регулирования вопросов владения и пользования земельными, рыбными и лесными ресурсами в контексте национальной продовольственной безопасности (ДРП РВ): ДРП РВ являются первыми общемировыми руководящими принципами управления правом владения и пользования земельными ресурсами. Разработаны в ходе межправительственных переговоров во главе с КВПБ, а также при участии организаций гражданского общества, частного сектора, ученых, исследователей и международных организаций. Были утверждены на 38-й (специальной) сессии КВПБ 11 мая 2012 года. ДРП РВ получили мировое признание, к их реализации призывала Большая двадцатка «G20» и Декларация Рио +20. 21 декабря 2012 Генеральная

Ассамблея ООН: приветствовала итоги 38-й (специальной) сессии КВПБ, на которой были утверждены ДРП РВ; призвала страны уделять должное внимание вопросу их реализации; и призвала соответствующие органы ООН обеспечить их скорейшее распространение и продвижение[3]. Данные Руководящие принципы представляют собой справочное руководство по усовершенствованию системы управления вопросами владения и пользования земельными, рыбными и лесными ресурсами, которая обеспечивает продовольственную безопасность и вносит свой вклад в общемировые и национальные усилия по искоренению голода и бедности. Признавая важную роль земли в развитии, они обеспечивают соблюдение права владения и пользования, и равный доступ к земельным, рыбным и лесным ресурсам. В них определены принципы и признанные на международном уровне практики, которыми можно руководствоваться при подготовке и реализации политики и законов, связанных с управлением вопросами владения и пользования. Данные Руководящие принципы строятся на и поддерживают Добровольные руководящие принципы в поддержку постепенной реализации права на достаточное питание в контексте национальной продовольственной безопасности, принятые Советом ФАО в ноябре 2004 года.

Принципы ответственного инвестирования в сельское хозяйство, обеспечивающие учет прав, источников существования и ресурсов *(ПОИСХ)*: Межведомственная рабочая группа (МРГ), в состав которой вошли МФСР, ФАО, ЮНКТАД и Всемирный банк, во время заседания Генеральной Ассамблеи ООН в сентябре 2009 года организовала проведение круглого стола на тему «Обеспечение ответственного международного инвестирования в сельское хозяйство» в целях ознакомления с семью принципами с последующей публикацией их сводного варианта в феврале 2010 года. Семь принципов касаются следующих вопросов: право на землю и ресурсы; продовольственная безопасность; прозрачность, эффективное управление и благоприятные условия; консультации и участие; ответственное инвестирование в сельскохозяйственные предприятия; социальная устойчивость; и экологическая устойчивость[4]. На саммите в Сеуле в ноябре 2010 года «большая двадцатка» призвала «все страны и компании соблюдать принципы ответственного инвестирования в сельское хозяйство» в рамках своего многолетнего плана действий в области развития. МРГ представила отчет о ПОИСХ и Плане действий с вариантами привлечения ответственных инвестиций в сельское хозяйство «большой двадцатке» в 2011 году и «большой восьмерке» в 2012 году[5]. «Большая двадцатка» согласовала двунаправленный подход по пилотированию ПОИСХ и использованию полученных результатов для информирования различных консультационных процессов. В октябре 2012 года МРГ представила отчет о ходе выполнения своего плана действий, в котором особое внимание было уделено апробированию ПОИСХ на местах в принимающих государствах и на предприятиях[6]. Не так давно в Санкт-Петербургском докладе о выполнении обязательств «Группой двадцати» в области развития за 2013 год был «отмечен прогресс пилотных проектов по апробации ПОИСХ в некоторых странах Африки и Юго-Восточной Азии».

1. По состоянию на февраль 2016 года к ним относятся Аргентина, Бразилия, Колумбия, Коста-Рика, Египет, Иордания, Латвия, Литва, Марокко, Перу, Румыния и Тунис.

2. Комплексная экспертиза распространяется на все главы Руководящих принципов, за исключением глав о науке и технике, конкуренции и налогообложении.

3. *www.un.org/News/Press/docs//2012/ga11332.doc.htm*.

4. Текст ПОИСХ можно скачать по адресу: *www.responsibleagroinvestment.org*.

5. Межведомственная рабочая группа по направлению «продовольственная безопасность» Многолетнего плана действий «Группы двадцати» по развитию, «Варианты стимулирования ответственного инвестирования в сельское хозяйство», доклад Рабочей группы высокого уровня, сентябрь 2011 года.

6. Межведомственная рабочая группа по принципам ответственного инвестирования в сельское хозяйство, сводный доклад о пилотировании на местах Принципов ответственного инвестирования в сельское хозяйство, октябрь 2012 года

Целевые пользователи

Признавая, что фермерские хозяйства являются крупнейшими инвесторами в первичное сельское хозяйство, настоящее Руководство предназначено для всех предприятий, осуществляющих свою деятельность в сельскохозяйственных производственно-сбытовых цепочках, подробно описанных на Рисунке 1.1, в том числе для отечественных и зарубежных, частных и государственных, малых, средних и крупных предприятий, которые в настоящем Руководстве далее называются «предприятия»[10]. Оно также рассчитано на органы государственного управления, в частности НКЦ, для лучшего понимания и продвижения существующих стандартов в цепочках поставок в сельском хозяйстве. Кроме того, оно может быть полезным для затрагиваемых сообществ, которые смогут лучше понять, чего им следует ожидать от вышеупомянутых участников, и тем самым обеспечить соблюдение своих прав.

Процесс

Руководство разрабатывалось ФАО и ОЭСР в рамках инклюзивного процесса консультаций, проводившихся под руководством консультативной группы, созданной в октябре 2013 года[11], при участии многих заинтересованных сторон. Консультативная группа состоит из представителей стран-членов и не членов ОЭСР, институциональных инвесторов, агропродовольственных компаний, фермерских организаций, организации гражданского общества и международных организаций. Перед ней стояли следующие задачи:

- Внести существенный вклад в разработку Руководства.

- Оказать помощь в процессе широких консультаций с другими соответствующими заинтересованными сторонами, в том числе путем предоставления материалов и участия в процессах с участием многих заинтересованных сторон, в частности в заседаниях Рабочей группы открытого состава ОИСХ-КВПБ.

- Внести существенный вклад в последующие меры для эффективного продвижения и реализации Руководства.

Секретариаты ФАО и ОЭСР координировали процесс консультаций совместно с Консультативной группой и под руководством ее Председателя и заместителей Председателя. Проводились регулярные консультации с Рабочей группой ОЭСР по вопросам ответственного ведения бизнеса, вспомогательным органом Комитета по инвестициям, и с Рабочей группой по политике в области сельского хозяйства и рынков, вспомогательным органом Комитета ОЭСР по сельскому хозяйству.

Ключевые понятия

Производственно-сбытовые цепочки в сфере сельского хозяйства

Производственно-сбытовые цепочки в сфере сельского хозяйства – это система, которая включает все виды деятельности, организации, участников, технологии, информацию, ресурсы и услуги, связанные с производством агропродовольственных товаров для потребительских рынков. Они охватывают все сферы сельскохозяйственной отрасли, начиная от поставки сельскохозяйственных ресурсов (таких, как семена, удобрения, корма, лекарственные препараты или оборудование) и заканчивая производством, послеуборочной обработкой, переработкой, транспортировкой, сбытом, распределением и розничной торговлей. К ним также относятся вспомогательные услуги, например, образовательно-консультативные услуги в области сельского хозяйства, научные исследования и разработки, а также информация о рынке. Таким образом, они включают широкий круг предприятий, начиная от мелких фермеров, фермерских организаций, кооперативов и стартапов и заканчивая МНП, представленные их материнскими компаниями или местными филиалами, а также государственные предприятия и фонды, частные финансовые институты и частные фонды. Некоторые участники пришли в сектор лишь только в последние годы.

Структура производственно-сбытовых цепочек и предприятий, задействованных на каждом этапе, значительно отличается в зависимости от продуктов и географических регионов[12]. Таким образом, карту предприятий, осуществляющих деятельность на протяжении производственно-сбытовых цепей в сфере сельского хозяйства, следует составлять на индивидуальной основе с целью лучшего понимания взаимосвязей, а также информационных и финансовых потоков между этими предприятиями, а также с целью более эффективного планирования проверок. Для целей настоящего Руководства на рисунке 1.1 представлена упрощенная структура производственно-сбытовой цепочки.

Предприятия связаны между собой различными отношениями и механизмами. Предприятия в конечных звеньях производственно-сбытовой цепи могут иметь различные виды отношений с фермерскими организациями для получения доступа к сельскохозяйственной продукции. Они могут навязывать производителям стандарты и технические условия при небольшом участии за рамками договора купли-продажи. Но они также могут принимать более активное участие, особенно через механизм ведения сельского хозяйства на контрактной основе, для координации производства и обеспечения качества и безопасности[13]. Финансовые предприятия могут быть задействованы более опосредованно путем выделения финансирования сельскохозяйственным предприятиям и предприятиям в конечных звеньях производственно-сбытовой цепи через вложение инвестиций в новые или существующие предприятия, совместные предприятия или слияния и поглощения. Эти категории часто трудно разграничить на практике. Например, кооперативы часто являются владельцами или управляют сельскохозяйственной техникой, а также предприятиями в конечных звеньях производственно-сбытовой цепи (например, сахарные заводы) и, таким образом, могут рассматриваться не только в качестве сельскохозяйственных организаций, но и в качестве предприятий конечных звеньев производственно-сбытовой цепи.

Рисунок 1.1. **Различные этапы производственно-сбытовых цепей в секторе сельского хозяйства и задействованные предприятия**

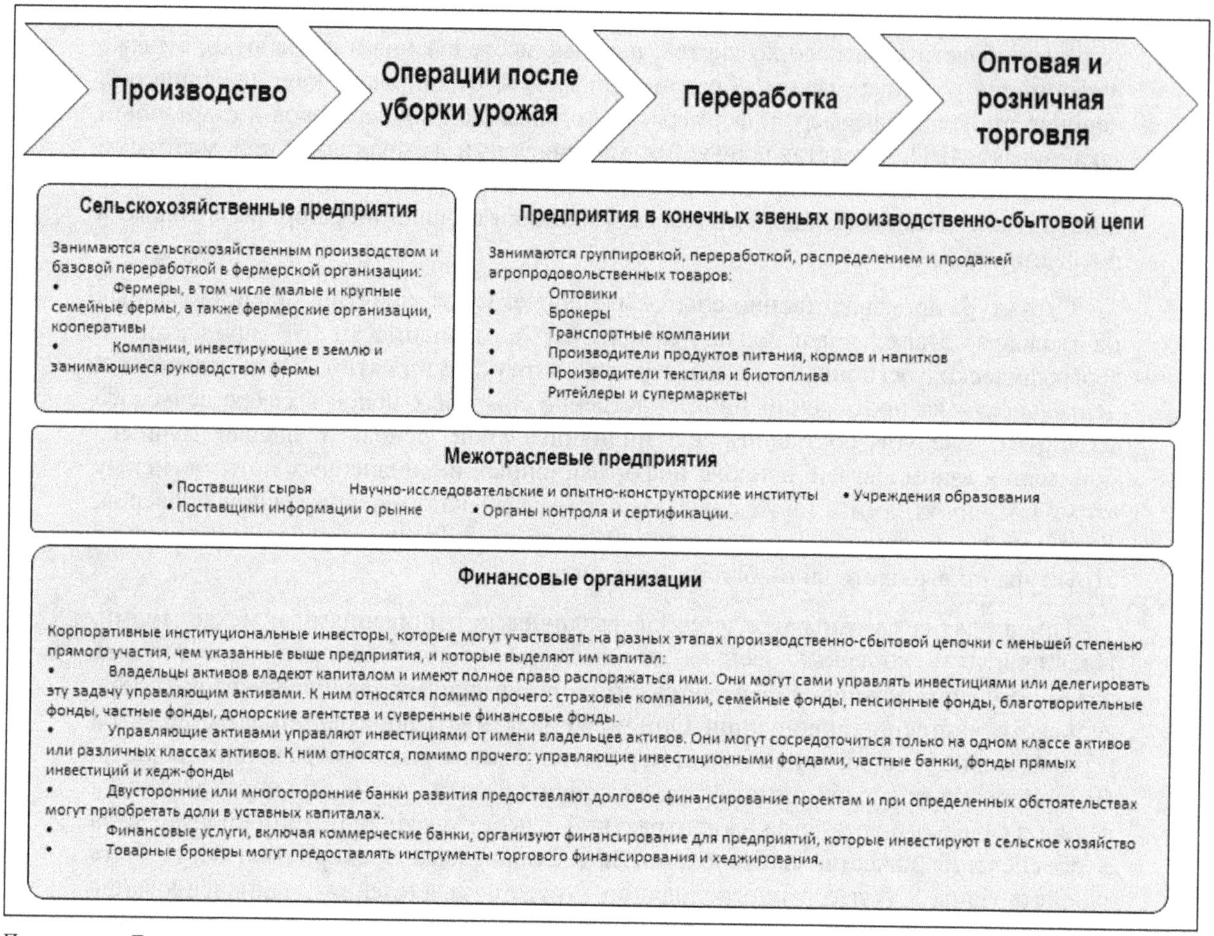

Производство
Операции после уборки урожая
Переработка
Оптовая и розничная торговля
Сельскохозяйственные предприятия
Занимаются сельскохозяйственным производством и базовой переработкой в фермерской организации:
• Фермеры, в том числе малые и крупные семейные фермы, а также фермерские организации, кооперативы
• Компании, инвестирующие в землю и занимающиеся руководством фермы
Предприятия в конечных звеньях производственно-сбытовой цепи
Занимаются группировкой, переработкой, распределением и продажей агропродовольственных товаров:
• Оптовики
• Брокеры
• Транспортные компании
• Производители продуктов питания, кормов и напитков
• Производители текстиля и биотоплива
• Ритейлеры и супермаркеты
Межотраслевые предприятия
• Поставщики сырья
Научно-исследовательские и опытно-конструкторские институты
• Учреждения образования
• Поставщики информации о рынке
• Органы контроля и сертификации.
Финансовые организации
Корпоративные институциональные инвесторы, которые могут участвовать на разных этапах производственно-сбытовой цепочки с меньшей степенью прямого участия, чем указанные выше предприятия, и которые выделяют им капитал:
• Владельцы активов владеют капиталом и имеют полное право распоряжаться ими. Они могут сами управлять инвестициями или делегировать эту задачу управляющим активами. К ним относятся помимо прочего: страховые компании, семейные фонды, пенсионные фонды, благотворительные фонды, частные фонды, донорские агентства и суверенные финансовые фонды.
• Управляющие активами управляют инвестициями от имени владельцев активов. Они могут сосредоточиться только на одном классе активов или различных классах активов. К ним относятся, помимо прочего: управляющие инвестиционными фондами, частные банки, фонды прямых инвестиций и хедж-фонды
• Двусторонние или многосторонние банки развития предоставляют долговое финансирование проектам и при определенных обстоятельствах могут приобретать доли в уставных капиталах.
• Финансовые услуги, включая коммерческие банки, организуют финансирование для предприятий, которые инвестируют в сельское хозяйство
• Товарные брокеры могут предоставлять инструменты торгового финансирования и хеджирования.

Примечание: Данная схема приведена только для ознакомления и не является детальным описанием

Рисунок 1.2. **Риски на разных этапах производственно-сбытовой цепочки**

ЭТАПЫ
Производство
Операции после уборки урожая
Переработка
Оптовая и розничная торговля
ОБЩИЕ РИСКИ
Права человека
Трудовые права
Здоровье и безопасность
Продовольственная безопасность и питание
Доступ к природным ресурсам
Охрана окружающей среды и устойчивое использование ресурсов
Управление
Технологии и инновации
БОЛЕЕ СПЕЦИФИЧНЫЕ РИСКИ
Благополучие животных
Права владения и пользования

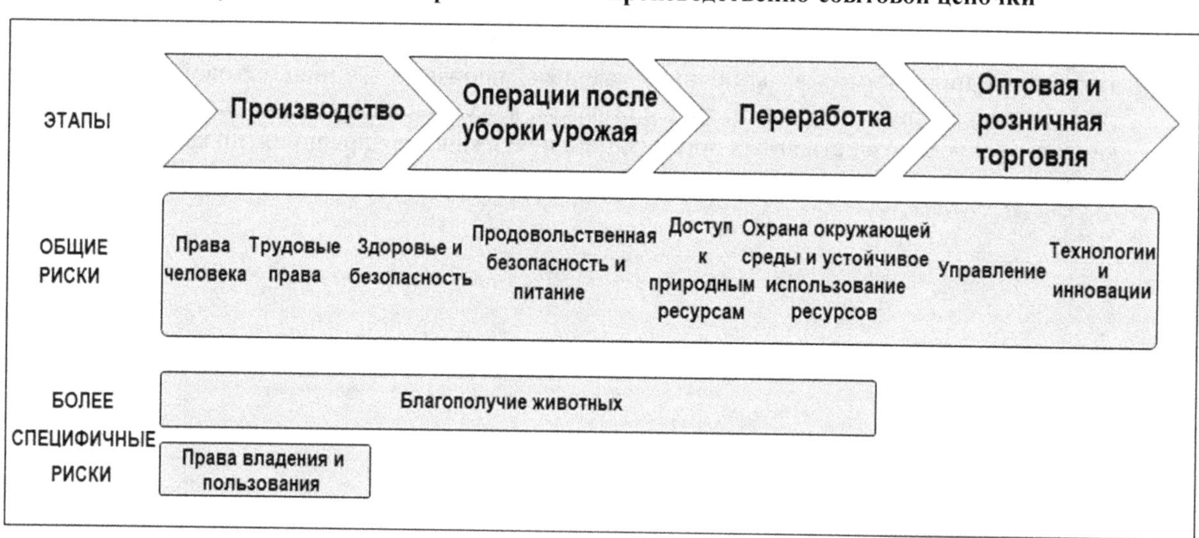

В зависимости от их положения в производственно-сбытовой цепочке предприятия могут концентрировать свое внимание на конкретных рисках (Рисунок 1.2). Например, фермерские организации сталкиваются с более высокими рисками, связанными с правами владения и пользования. Поэтому, они должны уделять особое внимание проведению добросовестных, эффективных и содержательных консультаций с правообладателями.

Комплексная экспертиза

Комплексная экспертиза – это процесс, посредством которого предприятия могут выявлять, оценивать, минимизировать, предотвращать и обосновывать меры реагирования на фактическое и потенциальное неблагоприятное воздействие, оказываемое на их деятельность как неотъемлемая часть систем принятия деловых решений и управления рисками[14]. Сюда относятся неблагоприятные воздействия, вызванные или обусловленные предприятиями, а также те неблагоприятные воздействия, которые напрямую связаны с их деятельностью, продуктами или услугами через деловые отношения (для получения более подробной информации см. Вставку 1.2).

Вставка 1.2. Устранение неблагоприятных воздействий

В соответствии с Руководящими принципами ОЭСР предприятия должны «избегать оказания или содействия оказанию неблагоприятного воздействия на права человека в рамках своей деятельности и устранять последствия такого воздействия в случае, когда оно имело место». Им также следует «стремиться к предотвращению и смягчению последствий, когда такое воздействие не обусловлено ими, но которое непосредственно связано с их деятельностью, продукцией или услугами вследствие их деловых отношений». Это не намерение переложить ответственность с юридического лица, оказывающего вредное воздействие, на предприятие, с которыми у них налажены деловые отношения». Например, финансовый институт может способствовать возникновению неблагоприятного воздействия, обусловленного деятельностью проинвестированной им компании, в которой ему принадлежит большинство акций или контрольный пакет акций.

Предприятие *«оказывает»* неблагоприятное воздействие, в случае наличия причинно-следственных связей между деятельностью, продуктами или услугами предприятия и неблагоприятным воздействием. Причинно-следственная связь может возникать как в результате действия, так и бездействия, другими словами, отсутствия действия. *«Оказание содействия возникновению неблагоприятного воздействия»* означает существенный вклад, т.е. деятельность, которая призывает, способствует или мотивирует другую организацию на оказание неблагоприятного воздействия. Предприятие также может способствовать возникновению неблагоприятного воздействия, если сочетание его деятельности и деятельности другого предприятия приводит к возникновению неблагоприятного воздействия. *«Непосредственно связанный»* является широким понятием и охватывает неблагоприятные воздействия, связанные с деловыми отношениями.. Термин *«деловые отношения»* означает отношения предприятия с деловыми партнерами, субъектами в производственно-сбытовой цепи и любыми другими негосударственными или государственными субъектами, непосредственно связанными с его хозяйственной деятельностью, продуктами или услугами. В настоящем Руководстве лица, с которыми предприятие имеет деловые отношения, являются *«деловыми партнерами»*.

В Руководящих принципах ОЭСР подчеркивается, что «предприятия» должны, когда это практически возможно, призывать деловых партнеров, включая поставщиков и субподрядчиков, соблюдать принципы ОВБ, согласующиеся с Руководящими принципами ОЭСР. В них также говорится о том, что «предприятие, действуя самостоятельно или совместно с другими организациями, когда это целесообразно, должно в максимальной степени использовать свои рычаги влияния для смягчения или предотвращения негативного воздействия в области прав человека. К числу факторов[1], которые будут учитываться при решении вопроса о надлежащих мерах в таких ситуациях, относятся наличие у «предприятия рычагов влияния на соответствующий субъект, насколько эти отношения важны для предприятия, серьезность нарушения, а также вопрос о том, будет ли прекращение этих отношений с данным субъектом иметь неблагоприятные последствия для прав человека».

Таким образом, предприятия должны использовать свои рычаги влияния в отношении организаций, непосредственно связанных с их деятельностью, продукцией или услугами, в целях оказания содействия в реализации настоящего Руководства. Например, если их деловые партнеры могут зависеть или быть связаны с любым деловым партнером, нарушающим законные права владения и пользования, они должны выработать с ними корректирующие меры и, насколько это возможно, прекратить деловые отношения, если не будут реализованы корректирующие действия.

1. Рычагом влияния считается возможность предприятия внести изменения в противоправные действия стороны, которая причиняет вред.

Источник: Руководящие принципы ОЭСР, II.A.11-13; II.A, пункт 14; и IV.43; ОЭСР (2014).

Предприятия проводят оценку рисков путем выявления фактических обстоятельств их деятельности и деловых отношений, а также анализа этих фактов в свете применимых прав и обязанностей в соответствии с национальным и международным законодательством и стандартами, рекомендациями международных организаций по ОВБ, официальными инструментами, частными добровольными инициативами и собственной внутренней политикой и системами. Комплексная экспертиза может помочь предприятиям и их деловым партнерам обеспечить соблюдение международного и национального законодательства и стандартов ОВК.

Характер и степень комплексной экспертизы зависит от таких факторов, как размер предприятия, вид и место его деятельности, характер продукции или услуг, а также серьезность фактических и потенциальных неблагоприятных воздействий[15]. В то время как малые и средние предприятия, особенно мелкие фермерские хозяйства, могут не иметь возможности проводить комплексную экспертизу согласно рекомендациям настоящего Руководства, им рекомендовано принимать участие в комплексной экспертизе, проводимой их потребителями, для укрепления своего потенциала и приобретения возможности для проведения комплексной экспертизы в будущем.

Руководящими принципами ОЭСР рекомендовано проведение комплексной риск-ориентированной экспертизы, что означает, что характер и степень комплексной экспертизы должны соответствовать виду и уровню риска неблагоприятных воздействий[16]. Серьезность фактических и потенциальных неблагоприятных воздействий должны определять масштабность и сложность необходимой комплексной экспертизы. Области более высокого риска должны подвергаться более глубокой комплексной экспертизе. Когда у предприятия большое количество поставщиков, им рекомендуется определить общие области, в которых риск неблагоприятных воздействий является наиболее значительным, и на основании такой оценки риска определить приоритетность поставщиков для проведения их комплексной экспертизы[17]. Риск-ориентированный подход не должен запрещать предприятиям участвовать в определенных контекстах или запрещать взаимодействие с определенными деловыми партнерами, но должен помогать им эффективно управлять рисками возникновения неблагоприятных воздействий в условиях высокого риска.

Как подробно описано в разделе 3, различные элементы комплексной экспертизы могут быть представлены в виде следующего пятиступенчатого механизма (Вставка 1.3).

Вставка 1.3. **Пятиступенчатый механизм проведения комплексной экспертизы**

- Шаг 1: Внедрение надежных систем управления предприятием для создания ответственных производственно-сбытовых цепей.

- Шаг 2: Выявление, оценка и определение приоритетности рисков в производственно-сбытовой цепочке.

- Шаг 3: Разработка и реализация стратегии реагирования на выявленные в производственно-сбытовой цепочке риски.

- Шаг 4: Аудит комплексной экспертизы производственно-сбытовой цепочки.

- Шаг 5: Отчет о результатах комплексной экспертизы производственно-сбытовой цепочки.

Источник: ОЭСР, 2013 год.

Поскольку одно и то же предприятие может охватывать различные этапы производственно-сбытовой цепочки, эффективная координация деятельности различных подразделений предприятия может помочь при проведении комплексной экспертизы. При условии должного учета вопросов конкуренции и конфиденциальности данных комплексная экспертиза может проводиться через сотрудничество предприятий с другими предприятиями в отрасли для того, чтобы процесс имел взаимно дополняющий характер, а также в целях снижения затрат с помощью:

- общеотраслевого сотрудничества, например, в рамках инициатив, разработанных и реализуемых отраслевой организацией для поддержки и дальнейшего соблюдения международных стандартов[18]

- совместного покрытия предприятиями отрасли затрат на выполнение конкретных задач в рамках комплексной экспертизы

- координации деятельности представителей отрасли, у которых общие поставщики

- сотрудничества между различными сегментами производственно-сбытовой цепочки, например, сельскохозяйственными предприятиями и предприятиями в конечных звеньях производственно-сбытовой цепи.

Партнерские отношения с международными организациями и организациями гражданского общества также могут быть полезны при проведении комплексной экспертизы. Отраслевые программы пользуются максимальным доверием, когда в них участвуют не только сами предприятия, но и организации гражданского общества, профсоюзы и соответствующие эксперты, а также когда они способствуют достижению консенсуса между ними. Однако предприятия продолжают нести индивидуальную ответственность за проводимую ими комплексную экспертизу.

Структура

Структура Руководства опирается на Руководство ОЭСР по проведению комплексной экспертизы ответственных цепочек поставок полезных ископаемых из районов, затронутых конфликтом, и районов повышенного риска[19], в котором содержится разъяснение того, как Руководящие принципы ОЭСР применяются к конкретному сектору с описанием этапов проведения комплексной экспертизы и мер по снижению рисков. После данного раздела «Введение» настоящее Руководство включает в себя:

- Раздел 1. Типовая политика предприятия, определяющая стандарты, которые предприятия должны соблюдать для создания ответственных производственно-сбытовых цепей в сфере сельского хозяйства.

- Раздел 2. Система проведения комплексной риск-ориентированной экспертизы производственно-сбытовых цепочек в секторе сельского хозяйства.

- Приложение A. Описание рисков и мер минимизации рисков в производственно-сбытовых цепочках в секторе сельского хозяйства с учетом существующих стандартов.

- Приложение B. Руководство по вопросам взаимодействия с коренными народами.

2. Типовая политика предприятия, определяющая стандарты, которые предприятия должны соблюдать для создания ответственных производственно-сбытовых цепей в сфере сельского хозяйства

Настоящая типовая политика предприятия содержит основные стандарты, которые предприятия должны соблюдать для построения ответственных производственно-сбытовых цепочек в секторе сельского хозяйства. В ней приведено описание частей содержания соответствующих международных стандартов, посвященных вопросам создания ответственных производственно-сбытовых цепочек в секторе сельского хозяйства[20]. Некоторые из этих стандартов, например, по правам человека и трудовым правам, а также по безопасности пищевых продуктов, уже учтены в законодательстве многих стран.

Настоящая типовая политика предприятия может быть принята предприятиями без каких-либо изменений, или же она может быть принята с внесением соответствующих изменений в отдельные ее части с учетом существующей на предприятии политики в области корпоративной социальной ответственности, устойчивости, управления рисками или других эквивалентных альтернатив. Использование слова «мы» указывает на приверженность предприятий. При разработке своей политики предприятия также должны обеспечить ее соответствие всем применимым национальным законам и учитывать любые другие соответствующие международные стандарты. Принятие политики по ответственным сельскохозяйственным производственно-сбытовым цепочкам является первым этапом механизма проведения риск-ориентированной комплексной экспертизы, описанного в Разделе 3, в котором содержится описание хода реализации такой политики.

Признавая, что в производственно-сбытовых цепочках в сфере сельского хозяйства могут возникать риски существенных неблагоприятных воздействий и что мы несем ответственность за соблюдение прав человека и что мы способны внести свой вклад в обеспечение устойчивого развития, и в частности, в сокращение масштабов нищеты, повышение продовольственной безопасности и гендерного равенства, мы обязуемся принять, внедрить, широко распространить и включить в контракты и соглашения с деловыми партнерами следующую политику по ответственным производственно-сбытовым цепочкам в секторе сельского хозяйства. Мы будем рекомендовать, по мере возможности, нашим деловым партнерам применять эту политику, а, если они будут являться причиной возникновения или способствовать возникновению неблагоприятных воздействий, мы будем использовать наши рычаги влияния для предотвращения или смягчения таких воздействий.

1. Межотраслевые стандарты ОВБ

Оценка воздействий

Мы обязуемся на регулярной основе проводить оценку и учитывать в процессе принятия решений фактические и потенциальные воздействия от нашей деятельности, процессов, товаров и услуг на протяжении их полного жизненного цикла с целью предотвращения или в случае, когда предотвращение невозможно, смягчения любых неблагоприятных воздействий. Оценка воздействий должна включать репрезентативное число всех соответствующих групп заинтересованных сторон.[21]

Раскрытие информации

Мы обязуемся раскрывать своевременную и точную информацию, касающуюся прогнозируемых факторов риска и наших мер реагирования на конкретные экологические, социальные воздействия и воздействия на права человека в потенциально затрагиваемых сообществах на всех этапах инвестиционного цикла[22]. Мы также обязуемся предоставлять достоверную, проверенную и ясную информацию, достаточную для того, чтобы потребители могли принимать обоснованные решения[23].

Консультации

Мы обязуемся проводить добросовестные, эффективные и содержательные консультации с местными сообществами через представляющие их интересы организации до начала любой деятельности, которая может оказать на них влияние, и мы обязуемся продолжать проведение консультаций с ними на протяжении и по завершении деятельности. Мы будем учитывать различные риски, с которыми могут столкнуться женщины и мужчины[24].

Мы обязуемся эффективно и добросовестно консультироваться с коренными народами через их представительные институты с целью получения их свободного, предварительного и осознанного согласия[25] в соответствии с целями Декларации Организации Объединенных Наций о правах коренных народов и с должным учетом конкретных позиций и понимания отдельных государств[26]

Совместное пользование выгодами

Мы обязуемся обеспечить, что наша деятельность будет способствовать устойчивому и всестороннему развитию сельских районов[27], в том числе, в соответствии с установленным порядком, путем обеспечения справедливого и равноправного совместного пользования материальными и нематериальными выгодами вместе с затрагиваемыми сообществами на взаимосогласованных условиях в соответствии с международными договорами, действие которых распространяется на стороны, являющиеся участниками таких договоров, например, при использовании генетических ресурсов для производства продукции и ведения сельского хозяйства[28].

Механизмы подачи и рассмотрения жалоб

Мы обязуемся предусмотреть наличие законных, доступных, предсказуемых, справедливых и прозрачных механизмов подачи и рассмотрения жалоб на оперативном уровне при консультациях с потенциальными пользователями. Мы также обязуемся совместно действовать в рамках других внесудебных механизмов рассмотрения жалоб. Такие механизмы рассмотрения жалоб могут создавать условия для восстановительных мероприятий, когда наша деятельность ведет или способствует возникновению неблагоприятных воздействий из-за несоблюдения стандартов ОВБ[29].

Гендерные вопросы

Мы обязуемся помочь в ликвидации дискриминации в отношении женщин, способствовать расширению их значимого участия в процессе принятия решений и представленности на руководящих должностях, обеспечивать их профессиональное развитие и карьерный рост, а также содействовать их равному доступу и участию в управлении природными ресурсами, сырьем, производительными инструментами, консультативными и финансовыми услугами, обучением, рынками и информацией[30].

2. Права человека

С учетом признанных на международном уровне прав человека[31], международных обязательств в области прав человека тех стран, в которых мы осуществляем свою деятельность, а также соответствующих национальных законов и правил мы обязуемся:

- Соблюдать права человека[32], что означает не допускать нарушения прав других людей и устранять последствия оказанного нами воздействия, неблагоприятного для прав человека.

- В контексте нашей собственной деятельности избегать оказания или содействия оказанию неблагоприятного воздействия на права человека и устранять последствия такого воздействия в случае, когда оно имело место[33].

- Стремиться предотвращать или смягчать неблагоприятное воздействие на права человека, которое непосредственно связано с нашей деятельностью, продукцией или услугами вследствие наших деловых отношений, даже если мы непосредственно не способствовали оказанию такого воздействия[34].

- Проводить комплексную проверку соблюдения прав человека с учетом размера, характера и условий нашей деятельности и серьезности рисков возникновения неблагоприятного воздействия в области прав человека[35].

- Предусмотреть восстановительные мероприятия или предпринимать совместные действия в рамках законных процессов для устранения неблагоприятных воздействий на права человека в случае, если будет установлено, что наша деятельность привела или способствовала возникновению неблагоприятных воздействий[36].

- В контексте нашей собственной деятельности обеспечить соблюдение и уважение прав всех людей без каких-либо различий, таких, как раса, цвет кожи, пол, язык, религия, политические или иные взгляды, национальное или социальное происхождение, собственность, рождение или другой статус[37].

3. Трудовые права

В своей деятельности мы обязуемся уважать основные международные трудовые стандарты, а именно: свободу объединений и право на ведение коллективных переговоров, в том числе для трудящихся-мигрантов, ликвидацию всех форм принудительного или обязательного труда, эффективную ликвидацию детского труда и запрет на дискриминацию в области труда и занятий[38].

В своей деятельности мы также обязуемся:

- Обеспечить безопасность и гигиену труда.

- Обеспечить достойную заработную плату, льготы и условия труда, которые по крайней мере адекватны для удовлетворения основных потребностей работников и их семей, и стремиться улучшать условия труда[39].

- Содействовать обеспечению занятости и участвовать в государственных программах обеспечения некоторой формы защиты доходов высвобождаемых работников[40].

- Не допускать нарушения прав трудящихся-мигрантов[41].

- Внедрить подходы, меры и процессы для повышения значимого участия женщин в процессе принятия решений и обеспечения их представленности на руководящих должностях[42].

Мы обязуемся способствовать реализации права на труд[43] посредством:

- стремления увеличить возможности для занятости, как прямо, так и косвенно[44]

- обеспечения соответствующего обучения работников всех уровней для удовлетворения потребностей предприятия и государственных программ в области развития, в том числе путем повышения производительности труда молодежи и/или ее доступа к достойной занятости и возможностям предпринимательства[45]

- обеспечения охраны материнства на работе[46].

4. Охрана здоровья и безопасность

Мы обязуемся способствовать укреплению здоровья населения [47] посредством:

- внедрения соответствующих практик для предотвращения угрозы жизни, здоровью населения и причинения вреда благополучию людей в процессе нашей деятельности, а также угроз, связанных с потреблением, использованием или утилизацией наших товаров и услуг, в том числе путем соблюдения передового опыта в области безопасности пищевых продуктов[48]

- внесения своего вклада в защиту здоровья и безопасности пострадавших сообществ в течение всего жизненного цикла нашей деятельности[49].

5. Продовольственная безопасность и питание

Мы обязуемся прилагать усилия для того, чтобы наша деятельность способствовала обеспечению продовольственной безопасности и правильного питания. Мы обязуемся уделять внимание вопросам повышения наличия, доступности, стабильности и использования безопасных, питательных и разнообразных продуктов питания[50].

6. Право владения и пользования природными ресурсами, а также право на доступ к природным ресурсам

Мы обязуемся уважать законные права владения[51] и пользования природными ресурсами, в том числе публичные, частные, коммунальные, коллективные, обычные права и права коренных народов, которые могут быть затронуты нашей деятельностью. К природным ресурсам относятся земельные, рыбные, лесные и водные ресурсы.

В максимально возможной степени мы обязуемся обеспечить прозрачность и раскрытие информации, связанной с нашими инвестициями в земельные ресурсы, в том числе прозрачность условий договоров аренды/передачи, с должным учетом ограничений, установленных в части обеспечения конфиденциальности информации[52].

Мы обязуемся отдавать предпочтение возможным альтернативным вариантам реализации проектов, чтобы избежать или, в случае неизбежности, минимизировать физическое и/или экономическое переселение законных правообладателей, при этом выстраивая правильное соотношение между экологическими, социальными и финансовыми затратами и выгодами, уделяя особое внимание неблагоприятным воздействиям на бедных и уязвимых.

Нам известно, что в соответствии. с их национальными законами и законодательством, и в соответствии с национальными условиями государства могут провести экспроприацию прав исключительно в общественно-полезных целях, при этом данные меры должны сопровождаться быстрой, адекватной и эффективной компенсацией[53].

В случае оказания негативного воздействия на права землевладения законных правообладателей таких прав, мы обязуемся предоставить им быструю, адекватную и эффективную компенсацию их прав, на которые было оказано неблагоприятное воздействие в результате нашей деятельности[54].

7. Благополучие животных

В рамках своей деятельности мы обязуемся поддерживать благополучие животных,[55] посредством:

- обеспечения соблюдения «пяти свобод» как основного принципа благополучия животных, включающего в себя свободу от голода, жажды и неполноценного питания; свободу от страха и стресса; свободу от физического и температурного дискомфорта; свободу от боли, травм или болезни; и свободу естественного поведения[56].

- обеспечения высокого качества управления и содержания животных, соответствующего масштабам нашей деятельности, а также соответствующего или превосходящего принципы МЭБ[57].

8. Охрана окружающей среды и устойчивое использование природных ресурсов

Мы обязуемся создать и обеспечить работу во взаимодействии с ответственными государственными органами и третьими лицами, в случае необходимости, систему экологического и социального управления, соответствующую характеру и масштабам нашей деятельности и соизмеримую с уровнем потенциальных экологических и социальных рисков и воздействий[58].

Мы обязуемся постоянно улучшать свои экологические показатели путем:

- предотвращения, минимизации и устранения загрязнения окружающей среды и негативных воздействий на качество воздуха, земли, почвы, воды, леса и биоразнообразия, а также сокращения выбросов парниковых газов

- предотвращения или уменьшения объемов образования опасных и неопасных отходов, замещения или сокращения объемов использования токсичных веществ[59], а также расширения продуктивного использования или обеспечения безопасной утилизации отходов

- обеспечения устойчивого использования природных ресурсов и повышения эффективности использования ресурсов и энергии[60]

- сокращения продовольственных потерь и пищевых отходов, и содействия вторичной переработке

- продвижения передовых методов ведения сельского хозяйства, в том числе в целях поддержания или улучшения плодородия почвы и предотвращения эрозии

- улучшения и сохранения биоразнообразия, генетических ресурсов и экосистемных услуг; соблюдения границ охраняемых районов[61], зон высокой природоохранной ценности и исчезающих видов; и контроля и минимизации распространения инвазивных неместных видов

- повышения устойчивости сельскохозяйственных и продовольственных систем, сохранения мест обитания и связанных с ними средств к существованию с помощью мер адаптации к последствиям изменения климата[62].

9. Управление

Мы обязуемся предотвращать и воздерживаться от любых форм и проявлений коррупции и мошенничества[63].

Мы обязуемся соблюдать букву и дух налоговых законов и нормативный актов стран, в которых мы работаем[64].

Мы обязуемся воздерживаться от заключения или исполнения антиконкурентных соглашений между хозяйствующими субъектами-конкурентами и обязуемся сотрудничать со следственными органами по расследованию таких случаев[65].

В той степени, в какой они применимы к предприятиям, мы обязуемся действовать в соответствии с Принципами, установленными в Рекомендации Совета ОЭСР по принципам корпоративного управления[66].

10. Технологии и инновации

Мы обязуемся содействовать разработке и распространению соответствующих технологий, в частности экологически чистых технологий, а также технологий, создающих прямую и косвенную занятость[67].

3. Пятиступенчатый механизм проведения риск-ориентированной комплексной экспертизы производственно-сбытовых цепочек в сфере сельского хозяйства

Предприятия должны внедрить следующий пятиступенчатый механизм проведения комплексной риск-ориентированной экспертизы производственно-сбытовых цепочек в секторе сельского хозяйства: (i) внедрение надежных систем управления предприятием для создания ответственных производственно-сбытовых цепей; (ii) выявление, оценка и определение приоритетности рисков в производственно-сбытовой цепочке; (iii) разработка и реализация стратегии реагирования на выявленные в производственно-сбытовой цепочке риски; (iv) аудит комплексной экспертизы производственно-сбытовой цепочки; и (v) отчет о результатах комплексной экспертизы производственно-сбытовой цепочки. Первый шаг заключается в принятии корпоративной политики по ОВБ, которая может быть разработана на основе типовой политики предприятия, представленной в разделе 2 Руководства. Поскольку все предприятия должны проводить комплексную экспертизу, реализация данного пятиступенчатого механизма должна быть адаптирована с учетом их положения и вида участия в производственно-сбытовой цепочке, условий и места осуществления их деятельности, а также их размеров и мощностей. В максимально возможной степени в данном разделе содержится описание обязанностей, выполняемых различными видами предприятий (фермерскими хозяйствами, предприятиями в конечных звеньях производственно-сбытовой цепи и финансовыми организациями) на каждом этапе.

Шаг 1. Внедрение надежных систем управления предприятием для создания ответственных производственно-сбытовых цепей

1.1 Внедрение или интеграция в существующие процессы корпоративной политики по ОВБ на протяжении всей производственно-сбытовой цепочки (далее « политика предприятия по ОВБ»)

Данная политика должна включать стандарты и нормы, на соответствие которым будет проводиться комплексная экспертиза согласно положениям приведенных выше международных стандартов и типовой политики предприятия. Она может состоять из одной политики или нескольких отдельных политик (например, политики предприятия в области прав человека) и может включать обязательство придерживаться существующих отраслевых стандартов, таких, как схемы сертификации[68]. Когда политика является долгосрочной, анализ разрывов может помочь выявить проблемные места по сравнению с представленной в разделе 2 типовой политикой предприятия с соответствующей актуализацией существующих политик.

Политика предприятия по ОВД должна:

- утверждаться на самом высоком уровне предприятия. Ответственность за ее реализацию должна быть возложена на вышестоящее должностное лицо.

- полагаться на информацию, полученную от соответствующих внутренних и внешних экспертов и, при необходимости, в ходе консультаций с заинтересованными сторонами

- определять ожидания предприятия от сотрудников, деловых партнеров и других сторон, непосредственно связанных с ее деятельностью, в области ОВБ

- быть в общем доступе и доведена до сведения всех сотрудников, деловых партнеров и других соответствующих сторон

- быть отражена в операционных политиках и процедурах, необходимых для ее внедрения на предприятии[69]

- регулярно пересматриваться и адаптироваться в свете накапливаемых знаний о рисках в производственно-сбытовых цепочках и международных стандартах.

Несмотря на то, что некоторые риски неблагоприятных воздействий возникают на определенных этапах производственно-сбытовой цепочки, таких, как этапы производства и переработки в сфере землепользования и благополучия животных, политика предприятия по ОВБ должна охватывать риски, возникающие на протяжении всей производственно-сбытовой цепочки.

1.2. Структуризация внутреннего управления для обеспечения поддержки в ходе проведения комплексной экспертизы производственно-сбытовых цепочек

Высшее руководство должно активно участвовать в реализации и обеспечении соблюдения политики предприятия по ОВБ. Сотрудники и деловые партнеры должны быть обучены и иметь мотивацию для ее соблюдения. Специалист, обладающий соответствующими техническими навыками и образованием, должен быть назначен в качестве ответственного за проведение комплексной экспертизы и иметь необходимую команду поддержки. Должны выделяться соответствующие финансовые ресурсы. На предприятии должна быть создана, поддерживаться в рабочем состоянии система внутренней отчетности, охватывающая ключевые этапы деятельности предприятия. Практика ОВБ должна быть единообразной на протяжении всех этапов деятельности предприятия. Такие меры должны быть адаптированы к цели, деятельности, продуктам и размеру предприятия с учетом его финансовых возможностей.

1.3. Создание системы контроля и обеспечения прозрачности в производственно-сбытовой цепочке

Контроль за реализацией политики предприятия по ОВБ имеет огромное значение для обеспечения эффективности и формирования доверия к политике, а также установления хороших отношений с заинтересованными сторонами, в том числе органами государственного управления. Это подразумевает:

- Создание процедур внутреннего контроля для регулярного проведения независимых и прозрачных проверок соблюдения положений политики. Такая процедура может включать систему прослеживаемости[70], которая подразумевает: создание системы внутреннего документирования процесса комплексной экспертизы, ее результатов и принимаемых решений; ведение внутреннего реестра и документации по транзакциям, которые могут быть использованы для ретроспективного определения участников в производственно-сбытовой цепочке; осуществление и получение платежей через официальный банк и обеспечение подтверждения факта совершения покупок за наличные деньги с помощью соответствующей проверяемой документации; и хранение собранной информации в течение нескольких лет. Производственные предприятия должны внедрить принцип баланса массы или прослеживаемости физической сегрегации[71], например, через цепочки обеспечения сохранности, в то время как предприятия в конечных звеньях производственно-сбытовой цепи должны идентифицировать своих поставщиков-производителей, а также страны происхождения своих субпоставщиков-производителей. Информация о комплексных экспертизах, передаваемая производственными предприятиями предприятиям в конечных звеньях производственно-сбытовой цепи, может повысить прозрачность и упростить отслеживание.

- Установление прочных деловых отношений как наилучшего средства для непрерывного потока информации. Каналы для общения с различными заинтересованными сторонами могут предупреждать о возможных отклонениях от политики и соответствующих стандартов. Проведение и последующие периодические проверки результатов оценок воздействия на окружающую среду, социальную сферу и права человека (ESHRIA)[72] также могут быть полезными при оценке факта соблюдения, но не должны заменять собой такие потоки информации.

1.4. Усиление взаимодействия с деловыми партнерами

Политика по ОВБ, основанная на политике предприятия по ОВБ, должна найти свое отражение в контрактах и соглашениях с деловыми партнерами. Она должна быть адаптирована под их возможности. Долгосрочные отношения с деловыми партнерами могут стать дополнительным рычагом влияния для принятия такой политики и повышения степени прозрачность. Планы по реализации, разработанные совместно с деловыми партнерами и при участии местных и центральных органов управления, международных организаций и гражданского общества, также могут способствовать повышению роста соблюдения, в частности, путем проведения тренингов по укреплению потенциала. Например, предприятия могут укреплять потенциал мелких фермерских хозяйств, которые могут испытывать трудности с выполнением строгих дорогостоящих требований.

1.5. Создание на оперативном уровне механизма подачи и рассмотрения жалоб при консультировании и сотрудничестве с соответствующими заинтересованными сторонами

Механизм подачи и рассмотрения жалоб[73] может являться инструментом предупреждения предприятия о выявлении рисков и недопустимых отклонений от соответствующих стандартов, в том числе с помощью повышения качества взаимодействия с соответствующими заинтересованными сторонами. Он может быть создан на уровне проекта, предприятия или отрасли. Его следует использовать в качестве системы раннего предупреждения о рисках и механизма предотвращения конфликтов и удовлетворения поступивших жалоб. Так, например, механизмы рассмотрения жалоб, созданные в рамках существующих систем трудовых отношений и коллективных договоров, могут представлять собой эффективные и заслуживающие доверия механизмы обеспечения соблюдения трудовых прав.

Механизмы подачи и рассмотрения жалоб должны быть доступны для работников и всех тех, кто уже пострадал или потенциально может пострадать от неблагоприятных воздействий, вызванных неспособностью предприятия обеспечить соблюдение стандартов ОВБ. Предприятия должны широко публиковать информацию о существовании таких механизмов и способах доступа к ним, активно стимулировать их использование, гарантировать анонимность и неприкосновенность пользователей, регулярно проверять эффективность их работы. Они должны вести открытый учет поступивших жалоб, а результаты работы механизма подачи и рассмотрения жалоб должны быть учтены в политике предприятия по ОВБ, отношениях с деловыми партнерами и системах контроля.

Механизмы подачи и рассмотрения жалоб должны дополнять судебные и другие внесудебные механизмы, такие, как НКЦ, с которыми предприятия также должны взаимодействовать.

Шаг 2. Выявление, оценка и определение приоритетности рисков в производственно-сбытовой цепочке

2.1. Составление карты производственно-сбытовой цепочки

Для этого необходимо определить различных участников, в том числе, когда необходимо, имена непосредственных поставщиков и деловых партнеров, а также места осуществления деятельности. Например, у фермерских хозяйств можно запросить следующую информацию: наименование производителя; адрес и местонахождение; контактные данные руководителя; категория, количество, даты и методы производства; численность работников с разбивкой по полу; перечень практик управления рисками; транспортные маршруты; а также проведенные оценки рисков.

Предприятия, в особенности финансовые и напрямую взаимодействующие с потребителями, которые на несколько уровней отдалены от сельскохозяйственного производства, в самом начале могут не иметь возможности составить карту всех своих поставщиков и деловых партнеров. Тем не менее, они должны систематически работать над созданием полной картины своих деловых отношений. Объем информации, собранной о деловых партнерах, зависит от серьезности рисков и от того, насколько тесно они связаны с выявленными рисками.

2.2. Оценка рисков возникновения неблагоприятных экологических, социальных воздействий и воздействий на права человека[74], вызванных деятельностью, товарами и услугами предприятия и его деловыми партнерами на протяжении всего их жизненного цикла.

Такие оценки проводятся с целью определения степени фактических и потенциальных неблагоприятных воздействий в производственно-сбытовой цепочке, наступление которых может быть вызвано или спровоцировано предприятием или напрямую связанно с его деятельностью, продуктами или услугами, или деловыми отношениями. Необходимо проводить оценку социально-экологических воздействий, а также воздействий на права человека. Их проведение может предусматриваться и регулироваться национальным законодательством. Их масштабность и периодичность должны зависеть от степени серьезности рисков и эффективности работы деловых партнеров по управлению ими. Они могут проводиться для получения информации, а также в более прикладных и прагматичных целях для устранения конкретных рисков, укрепления диалога с поставщиками и повышения эффективности работы поставщиков.

Учитывая положения существующих стандартов, в Приложении A (раздел 1.3) содержится подробная информация об этапах и видах воздействий, учитываемых при проведении такой оценки. Кроме того, в рамках проведения таких оценок необходимо идентифицировать:[75]

- обладателей соответствующих прав и заинтересованные стороны, в особенно женщин, которые на постоянной основе могут подвергаться воздействию деятельности[76]

- делового партнера, который осмеливается не проводить комплексную экспертизу

- «красные флажки», которые описываются во вставке 3.1. В таких ситуациях может потребоваться углубленная комплексная экспертиза, которая может предусматривать проведение проверки качественных обстоятельств, касающихся отмеченных красными флажками мест нахождения, продуктов или деловых партнеров.

- любое объективное несоответствие между фактическими обстоятельствами ведения деятельности и политикой предприятия по ОВБ.

Выявить «красные флажки» можно с помощью нескольких **видов оценок**. На основе анализа нормативной правовой базы, политических условий, степени гражданских свобод и социально-экономической среды оценка контекста риска позволяет классифицировать регионы и государства, из которых осуществляются поставки, по степени риска: низкий, средний или высокий риск. Оценка рисков на местах позволяет разобраться в фактических обстоятельствах деятельности деловых партнеров с целью оценки масштабности, серьезности и вероятности возникновения рисков на местном уровне. Она должна являться основой для процесса предварительной квалификации новых деловых партнеров. Стандартная оценка риска проводится в отношении деловых партнеров, осуществляющих свою деятельность в условиях низкого риска. Углубленная оценка риска проводится в отношении всех деловых партнеров, осуществляющих свою деятельность в условиях среднего и высокого риска. Оценки могут предусматривать проведение консультаций с заинтересованными сторонами, контроль со стороны третьих лиц, например, организаций гражданского общества, организацию посещений фермерских хозяйств и/или предприятий конечных звеньев производственно-сбытовой цепи.

Чтобы иметь правдивое представление о рисках во времени с учетом изменяющихся обстоятельств, оценка риска должна являться **непрерывным процессом**. Новые оценки рисков должны быть инициированы в следующих ситуациях: нахождение поставщиков на новом рынке; изменения в операционной среде делового партнера (например, смена правительства); поставщик начинает поставки из регионов со средним или высоким уровнем риска; начало новых деловых отношений; смена владельца делового партнера; разработка нового продукта; или изменения в бизнес-модели.

Вставка 3.1. **Примеры ситуаций, требующих проведения углубленной комплексной экспертизы: показатели риска/красные флажки**

- **Показатель риска: месторасположение. Планируется, что хозяйственная деятельность будет осуществляться в или местом происхождения сельскохозяйственной продукции будут являться районы:**

  — пострадавшие от конфликтов или считающиеся зонами высокого риска[1]

  — относящиеся к группе регионов со слабым управлением[2]

  — в которых национальные или местные органы управления не соблюдают согласованные на международном уровне стандарты ОВБ или не оказывают поддержку предприятию для обеспечения соблюдения этих стандартов, например, предлагая сельскохозяйственные земли, права на владение и пользование которыми принадлежит местным общинам, или которые расположены на территории охраняемых районов, с которыми не проводились консультации,

  — в которых сообщалось о нарушениях прав человека или трудовых прав

  — в которых слабо определены или опротестовываются права на владение и пользование

  — в которых местные общины сталкиваются с проблемой отсутствия продовольственной безопасности или дефицита воды

  — которые подвержены проблеме деградации окружающей среды или относятся к классу охраняемых районов.

- **Показатель риска: продукция**

  — Известно, что в определенных условиях производство сельскохозяйственного сырья оказывает неблагоприятное социально-экологическое воздействие или воздействие на права человека.

  — Сельскохозяйственная продукция не соответствует стандартам качества и безопасности пищевых продуктов.

- **Показатель риска: деловые партнеры**

  — Известно, что деловые партнеры не соблюдают стандарты, содержащиеся в настоящем Руководстве.

  — Известно, что в последний год они поставляли сельскохозяйственную продукцию из мест, обозначенных показателями риска.

  — Они являются акционерами или имеют другие интересы в предприятиях, которые не соблюдают стандарты, содержащиеся в настоящем Руководстве, или которые поставляют сельскохозяйственную продукцию или

осуществляют свою хозяйственную деятельность в местах, обозначенных показателями риска.

1. Районы, пострадавшие от конфликтов, и районы высокого риска, характеризуются наличием вооруженного конфликта, широким распространением насилия или другими рисками причинения вреда людям. Вооруженный конфликт может иметь следующие формы: конфликт международного или не международного характера, в которых могут участвовать два или более государств, или освободительные, гражданские войны или мятежнические восстания и т. д. К районам высокого риска могут относиться районы политической нестабильности или репрессий, имеющие признаки институциональной слабости государства, недостаточного уровня безопасности, разрушения гражданской инфраструктуры и повсеместного насилия. Для таких районов зачастую характерны массовые нарушения прав человека и несоблюдение национального или международного права (ОЭСР, 2013).

2. К ним относятся районы с наихудшими результатами по рейтингу стран Всемирного банка по качеству государственного управления или в индексе восприятия коррупции «Transparency International». К ним также могут относиться страны, которые не взяли на себя обязательства или не приступили к реализации положений Конвенции Организации Объединенных Наций против коррупции.

Оценка риска зависит от **вида предприятия:**

- На сельскохозяйственных предприятиях могут создаваться команды по проведению оценки на местах для сбора и передачи объективной, надежной и актуальной информации о качественных показателях сельскохозяйственного производства. Этим предприятиям необходимо обеспечить соблюдение законных прав лиц, обладающих правом владения и пользования, в том числе путем проведения добросовестных, эффективных и содержательных консультаций с местными сообществами. Если они занимаются животноводством, в рамках своей деятельности они должны обеспечивать благополучие животных. Они должны информировать предприятия конечных звеньев производственно-сбытовой цепи о результатах проведенных ими оценок рисков.

- Предприятия конечных звеньев производственно-сбытовой цепи должны не только выявлять риски в своей собственной деятельности, но также, в меру своих возможностей, оценивать риски, с которыми сталкиваются их поставщики. Оценка последнего может быть произведена с помощью анализа результатов комплексной экспертизы, которая была проведена поставщиками, или с помощью проведения непосредственной оценки деятельности их поставщиков, например, путем посещения сельскохозяйственных предприятий. Для таких оценок полезным может быть участие в отраслевых схемах, в рамках которых проводится оценка соблюдения деловыми партнерами стандартов ОВБ и которые позволяют получить соответствующую информацию.

- У финансовых предприятий может быть от сотни до тысяч клиентов. Не всегда целесообразно проводить оценку рисков по каждому из них. В соответствии с Руководящими принципами ОЭСР все предприятия должны определять общие сферы, в которых риск возникновения неблагоприятных воздействий является наиболее значительным, и соответствующим образом определять приоритетность проведения комплексных экспертиз. Размер обязанностей финансового предприятия в части проведения комплексной экспертизы зависит от характера его деятельности, продуктов и услуг[77].

Шаг 3. Разработка и реализация стратегии реагирования на выявленные в производственно-сбытовой цепочке риски

3.1. Информирование соответствующего высшего руководства о результатах оценки рисков

3.2. Принятие плана управления рисками

Данный план может включать меры по минимизации и предотвращению рисков, изложенных в Приложении A. В нем могут предлагаться различные сценарии в зависимости от того, насколько тесно предприятие связано с неблагоприятными воздействиями (для получения более подробной информации см. Вставку 1.2):

- В случае, когда предприятие оказывает неблагоприятное воздействие, ему необходимо предпринять соответствующие меры[78] с целью прекращения непосредственного неблагоприятного воздействия и предотвращения возможных неблагоприятных воздействий. Такие меры могут предусматривать временное приостановление деятельности при одновременном проведении мер по предотвращению наступления неблагоприятных воздействий в будущем или прекращению деятельности, если минимизация таких воздействий не представляется возможной.

- В случае, когда предприятие способствует или может способствовать оказанию неблагоприятного воздействия, ему следует прекратить оказывать содействие такому негативному воздействию, а также использовать свои рычаги влияния для смягчения любого сохраняющегося воздействия. Предприятие также должно принять необходимые превентивные меры, чтобы не допустить повторения этих неблагоприятных воздействий.

- В случае, когда предприятие не способствовало оказанию неблагоприятного воздействия, но такое воздействие тем не менее непосредственно связано с его деятельностью, продукцией или услугами через его деловые отношения с другим субъектом, ему необходимо использовать свои рычаги влияния для смягчения или предотвращения неблагоприятного воздействия. Это может привести к прекращению отношений с деловым партнером после неудачных попыток минимизировать риски или когда минимизация рисков является нецелесообразной или недопустимой. К числу факторов, которые будут учитываться при решении вопроса о надлежащих мерах в таких ситуациях, относятся степень тяжести или вероятность наступления неблагоприятного воздействия, наличие у предприятия рычагов влияния на соответствующего делового партнера или других соответствующих субъектов (например, органы государственного управления), вопрос о том, насколько важное значение эти отношения имеют для предприятия.

Все виды предприятий могут непосредственно оказывать, способствовать или непосредственно быть связанными с наступлением неблагоприятного воздействия. Следующие примеры показывают, к чему это может привести на практике:

- *Оказывать неблагоприятное воздействие:* три вида предприятий — сельскохозяйственные, в конечных звеньях производственно-сбытовой цепи и финансовые, могут оказывать прямое неблагоприятное воздействие. Однако некоторые неблагоприятные воздействия могут непосредственно оказываться только сельскохозяйственными предприятиями и, в меньшей степени, предприятиями конечных звеньев производственно-сбытовой цепи, например, негативные воздействия на права землевладения и пользования и здоровье и благополучие животных. В случае, если при проведении оценки рисков будет установлено, что сельскохозяйственное предприятие нарушает права землевладения законного правообладателя таких прав, такое предприятие должно обеспечить защиту таких прав, например, возврат земли законным правообладателям или получение ими справедливой и своевременной компенсации.

- *Способствовать оказанию неблагоприятного воздействия:* В случае, если крупная розничная сеть продовольственных товаров настаивает на коротких сроках поставки сезонной и свежей сельскохозяйственной продукции, таких, как клубника, тем самым вынуждая своих поставщиков резко увеличивать интенсивность труда своих работников, чтобы выполнить это требование и, таким образом, нарушая права временных трудовых мигрантов. Следовательно, розничная сеть продовольственных товаров должна прекратить способствовать наступлению такого неблагоприятного воздействия, например, ослабив давление на своего поставщика или повысив закупочные цены, чтобы учесть ограниченность денежных потоков своих поставщиков.

- *Быть непосредственно связанным с неблагоприятным воздействием:* Пенсионный фонд инвестирует в инвестиционный фонд, который, в свою очередь, вкладывает инвестиции в фермерское хозяйство, на котором используется детский труд для выполнения некоторых из наиболее трудоемких задач, таких, как сбор ванили. Таким образом, пенсионный фонд непосредственно связан с оказанием неблагоприятного воздействия на права человека. Ему следует использовать свои рычаги влияния для предотвращения или смягчения неблагоприятного воздействия, например, сообщив о своем намерении разорвать отношения с инвестиционным фондом, если на уровне фермерского хозяйства не будет решена проблема использования детского труда.

3.3. Исполнение плана управления рисками, контроль и отслеживание эффективности мер по минимизации рисков и информирование соответствующего высшего руководства

Предусматривается проведение консультаций с заинтересованными сторонами, в том числе работниками и их представителями, а также деловыми партнерами, в целях разъяснения волнующих их вопросов, а также согласования стратегии минимизации рисков.

Шаг 4. Аудит комплексной экспертизы производственно-сбытовой цепочки

Предприятиям следует предпринимать шаги, чтобы убедиться в эффективности своей практики проведения комплексной экспертизы, т.е. в эффективности выявления, минимизации и предотвращения соответствующих рисков. Существуют два сценария:

1. В случае, если риск был минимизирован или предотвращен, предприятию следует проводить непрерывную комплексную экспертизу соразмерную риску.

2. В случае, если риск не удалось минимизировать или предотвратить, в ходе аудита необходимо установить, почему так произошло, например, из-за отсутствия

эффективной стратегии минимизации рисков или нехватки времени, ресурсов или воли к минимизации рисков. Должна быть проведена новая оценка рисков.

Процесс аудита должен:

- Обеспечивать соответствующую представленность мнения женщин.

- Быть соразмерным риску.

- Вести к выработке рекомендаций по совершенствованию практики проведения комплексной экспертизы

- Учитывать потенциал различных предприятий, поскольку данный процесс может быть дорогостоящим. Оценка комплексной экспертизы может проводиться с помощью доступных малым предприятиям механизмов, таких, как местные инициативы по соблюдению социальных норм[79].

Процесс контроля может состоять из проведения аудита, инспекции с выездом на место и консультаций с органами государственного управления, гражданским обществом, представителями затронутого сообщества и профессиональных объединений работников на местном, национальном и международном уровнях. Эффективность аудита зависит от его независимости и качества[80]. Аудиторы должны быть независимыми, компетентными и подконтрольными лицами. Предприятия могут рассмотреть возможность включения аудитов в независимый институциональный механизм, ответственный за аккредитацию аудиторов, проверку результатов аудитов, публикацию отчетов о результатах аудитов, внедрение модулей для укрепления потенциала поставщиков в области проведения комплексных экспертиз и помощь в рассмотрении жалоб заинтересованных сторон.

Вспомогательные и взаимодополняющие процессы проверки, основанные на единых стандартах, проводимые на соответствующих участках производственно-сбытовой цепочки, могут позволить избежать необходимости проведения утомительных оценок и повысить эффективность[81]. Например, аудиторы могут признать выводы аудиторских проверок, проведенных другими независимыми третьими сторонами. Предприятия могут сосредоточиться на «критических участках», т.е. участках производственно-сбытовой цепочки, на которых задействовано небольшое количество заинтересованных сторон, вместо проведения оценки каждого предприятия, задействованного в производственно-сбытовой цепочке. Критические участки могут быть определены с учетом следующего:

i) ключевые элементы существенных преобразований в производственно-сбытовой цепочке, такие, как переработка или упаковка

ii) количество субъектов на данном участке производственно-сбытовой цепочки: аудит может быть сосредоточен на тех участках производственно-сбытовой цепочки, на которых задействовано относительно небольшое количество субъектов или на которых скапливается большая часть сельскохозяйственной продукции

iii) крупнейшие участки с рычагами влияния со стороны предприятий конечных звеньев производственно-сбытовой цепи

iv)   участки, на которых уже существуют схемы и программы аудита, которые могут быть использованы и которые позволяют избежать дублирования.

Например, возможным критическим участком в цепочке поставок кофе в Эфиопии может быть Эфиопская товарная биржа, на которой кофе, выращенный многочисленными мелкими производителями, продается относительно небольшим количеством торговых агентов (пункт ii) выше). В более раздробленных цепочках поставок кофе такими критическими участками могут являться предприятия конечных звеньев производственно-сбытовой цепи, оптовики или экспортеры. Акцентирование внимания на таких критических участках не должно заменять необходимость проведения тщательной комплексной экспертизы на протяжении всей производственно-сбытовой цепочки.

Шаг 5. Отчет о результатах комплексной экспертизы производственно-сбытовой цепочки

Предприятия должны открыто сообщать о своей политике и практике проведения комплексной экспертизы производственно-сбытовой цепочки с учетом вопроса соблюдения конфиденциальности и других связанных с конкуренцией вопросов. Им следует сообщать соответствующим заинтересованным сторонам и деловым партнерам правдивую, достоверную и своевременную информацию о непосредственных и потенциальных неблагоприятных воздействиях, выявленных в ходе проведения текущей оценки оказываемого воздействия, а также о шагах и мерах, предпринимаемых для их смягчения или предотвращения. Отчеты также могут содержать информацию о системах управления предприятием и заключения о проверке результатов комплексной экспертизы. После их выпуска они должны быть доступны всем заинтересованным сторонам.

Помимо открытой и официальной отчетности могут применяться и другие формы коммуникации, например, личные встречи, онлайн-обсуждения и консультации с затронутыми заинтересованными сторонами. Форма коммуникации должна соответствовать воздействию и аудитории с точки зрения формы, периодичности, доступности и адекватности предоставления информации.

Сноски

1. Хотя в Уставе Продовольственной и сельскохозяйственной организации Объединенных Наций (ФАО) понятие «сельское хозяйство» включает в себя рыболовство и лесное хозяйство, в настоящем Руководстве упор в основном делается на растениеводстве и животноводстве.

2. Ответственное ведение бизнеса (ОВБ) означает, что предприятия должны: a) содействовать экономическому, экологическому и социальному прогрессу с целью достижения устойчивого развития и b) стремиться предотвращать или смягчать неблагоприятное воздействие, которое непосредственно связано с их деятельностью, продукцией или услугами вследствие их деловых отношений, даже если они непосредственно не способствовали оказанию такого воздействия

3. В настоящем Руководстве под стандартами понимаются рекомендации, содержащиеся в различных документах, в том числе конвенциях, декларациях, принципах и руководящих принципах.

4. Как подчеркивается в отчете Всемирного экономического форума 2015 года «За рамками производственно-сбытовых цепочек – формирование ответственных цепочек создания добавленной стоимости», предприятия могут извлечь пользу из соблюдения стандартов ОВБ, поскольку изменяющаяся динамика рынка увеличивает значимость усилий по обеспечению устойчивости. Потребители начинают в большей степени заботится о вопросах устойчивости. Среди молодых потребителей, в частности, востребованы устойчивые продукты и практики, и они готовы больше за них платить. Истощение природных ресурсов и рост цен на сырье превращают ресурсоэффективность и сокращение отходов в важнейшие переменные, позволяющие предприятиям сохранять свою рентабельность. Нормативная правовая среда и неправительственные организации стремятся к большей прозрачности, что является причиной возникновения издержек, связанных с несоблюдением требований, а также негативной реакции со стороны рынка.

5. См. определение понятия «комплексная экспертиза» ниже в определении понятия «деловые отношения».

6. Более подробное описание можно найти в разделе «Целевые пользователи».

7. Дополнительные ресурсы можно найти по адресу: *http://mneguidelines.oecd.org/rbc-agriculture-supply-chains.htm* и *www.fao.org/economic/est/issues/investment/en*.

8. Дополнительную информацию о составе и роли Консультативной группы в разработке настоящего Руководства можно найти в подраздел «Процесс».

9.   Дополнительную информацию можно найти по адресу: *http://mneguidelines.oecd.org/rbc-agriculture-supply-chains.htm*.

10.   Хотя в Руководящих принципах ОЭСР отсутствует точное определение понятия «многонациональные предприятия» (МНП), в них говорится о том, что обычно к ним относят компании или иные хозяйствующие субъекты, учрежденные более чем в одной стране (Руководящие принципы ОЭСР, I.4). Целевыми пользователями Принципов КПБ ОСИ являются «коммерческие предприятия, в том числе фермерские хозяйства» (пункты 50-52).

11.   Техническое задание на Многостороннюю консультативную группу, в которой определены ее цели, задачи и организационная структура, было утверждено Рабочей группой ОЭСР по ответственному ведению бизнеса в июне 2013 года и Рабочей группой ОЭСР по сельскохозяйственной политике и рынкам в июле 2013 года.

12.   Информацию с конкретными примерами можно найти в: проект по созданию цепочки добавленной стоимости в агропродовольственной сфере Ботсваны: проведение ФАО исследования цепочки создания добавленной стоимости говяжьей продукции в 2013 году; Анализ цепочки создания стоимости от производителя до потребителя в кенийской системе продаж кукурузы, проведенный Мичиганским государственным университетом в 2011 году; Анализ цепочки создания стоимости сектора кешью в Гане, проводимый GIZ в 2010 году; или цепочек создания стоимости эфирных масел Руанды: диагностическая оценка ЮНИДО в 2012 году.

13.   Контрактное земледелие подразумевает производство на основе соглашения между покупателем и производителем. К нему относится широкий спектр контрактов и оно различается по видам подрядчиков, видам продукции, интенсивности координации между фермерами и инвесторами и количеству вовлеченных заинтересованных сторон. Дополнительную информацию можно найти по адресу *www.fao.org/ag/ags/contract-farming/faq/en/#c100440*.

14.   Дополнительную информацию можно найти в Руководстве ОЭСР по проведению комплексной экспертизы ответственных цепочек поставок полезных ископаемых из районов, затронутых конфликтом, и районов повышенного риска, 2011.

15.   Получено из Руководящих принципов ОЭСР, II.15.

16.   Руководящие принципы ОЭСР, II.А.10.

17.   Руководящие принципы ОЭСР, II.16.

18.   К таким программам относятся, помимо прочего: принципы и критерии устойчивого производства пальмового масла, сертифицирующие производителей, переработчиков или продавцов пальмового масла, а также производителей, розничных продавцов, банков и инвесторов, участвующих в цепочках поставок пальмового масла; стандарты круглого стола по устойчивому биотопливу, сертифицирующие операторов биотоплива; принципы и критерии ответственного производства сои, сертифицирующие группы производителей и единичных производителей сои; Инициатива по повышению стандартов сахарного тростника (Bonsucro) для производителей сахарного тростника; и Принципы ответственного инвестирования в земельные угодья для институциональных владельцев активов и управляющих. Платформы мониторинга, такие, как Sedex, также могут помочь в процессе мониторинга результативности деятельности поставщиков.

19 Рекомендация ОЭСР о Руководстве по проведению комплексной экспертизы

тветственных цепочек поставок полезных ископаемых из районов, затронутых конфликтом, и районов повышенного риска была принята Советом на уровне министров 25 мая 2011 года, а затем 17 июля 2012 года в него были внесены изменения для внесения ссылки на Дополнение по золоту.

20. Типовая политика предприятия не предполагает замену существующих стандартов. Предприятия должны обращаться непосредственно к каждому из этих стандартов, прежде чем делать какие-либо заявления относительно их соблюдения. Ссылки на стандарты, указанные в документе, указываются после последнего упомянутого элемента, а не после каждого из указанных элементов. Это должно помочь предприятиям с обращением к первоначальному тексту стандартов, рассматриваемых в настоящем Руководстве, для получения более подробной информации о содержании таких стандартов.

21. Руководящие принципы ОЭСР, II.10 и VI.3; КПБ ОСИ Принцип 10; ДРП РВ 12.10; Руководящие принципы ООН, пункт 17; КБР, Статья 14; Руководящие принципы Агуэй-гу; Стандарт деятельности МФК 1, пункты 5 и 8-10.

22. Руководящие принципы ОЭСР, III.1-3, VI.2.a & VIII.2; КПБ ОСИ Принципы 9.ii и 10; Руководящие принципы ООН, пункт 21; Стандарт деятельности МФК 1, пункт 29; Орхусская конвенция, Статья 5. См. Приложение А, 1.1 и 1.3 ниже. Специальное руководство по существенной информации, которую следует сообщить заинтересованным сторонам, можно найти в Руководстве ОЭСР по комплексной оценке для эффективного взаимодействия с заинтересованными сторонами в добывающем секторе.

23. Руководящие принципы ОЭСР, VIII.2.

24. Руководящие принципы ОЭСР, II.14 & VI.2.b; КПБ ОСИ Принцип 9.iii-iv; ДРП РВ, 9.9 и 12.11; Руководящий принцип ООН, пункт 18; Принципы ПОИСХ 1 и 4; Руководящие принципы Агуэй-гу, 11, 13-17 и 57; Стандарт деятельности МФК 1, пункт 26-27 и 30-33. Также см. Конвенцию МОТ № 169 о коренных народах и народах, ведущих племенной образ жизни, 1989. См. Приложение А, 1.2 ниже. Дополнительную справочную информацию о взаимодействии с заинтересованными сторонами можно найти в Руководстве ОЭСР по комплексной оценке для эффективного взаимодействия с заинтересованными сторонами в добывающем секторе.

25. См. Приложение В для получения дополнительной справочной информации о взаимодействии с коренными народами и получении свободного, предварительного и осознанного согласия (СПОС).

26. Как подчеркивалось во введении, являясь продуктом совместной работы ОЭСР и ФАО в настоящем Руководстве рассматриваются несколько стандартов, помимо Руководящих принципов ОЭСР, в частности Принципы ОИСХ-КВПБ, в которых ссылки на СПОС, которые отсутствуют в Руководящих принципах ОЭСР. В этом параграфе содержится текст Принципов ОИСХ-КВПБ 9.iv. См. также Стандарт деятельности МФК 7, пп. 12-17; Руководящие принципы Агуэй-гу, 29 и 60; ДРП РВ, 3В.6, 9.9 и 12.7; Декларация ООН о правах коренных народов, статьи 10, 11 и 32; и Конвенция МОТ № 169 о коренных народах и народах, ведущих племенной образ жизни, статья 16.

27. Руководящие принципы ОЭСР, II.А.1; Принципы ОИСХ-КВПБ 2.iv, v и vii; ДРП РВ, 12.4; Руководящие принципы Агуэй-гу, 40.

28. Принципы ОИСХ-КВПБ 2.iv-vii и 7.i & iii; ДРП РВ, 12.6; Принципы ПОИСХ 5-6; Руководящие принципы Агуэй-гу, 46; Стандарт деятельности МФК 7, пункты

14 и 17-20 и Стандарт 8, пункт 16. См. также статью 8 (j) КБР, статьи 5-7 Нагойского протокола, ITPGR, статья 9.2. Денежная и неденежная компенсация: Приложение к Нагойскому протоколу. Дополнительную информацию можно также найти в Приложении А, 1.4.

29. Руководящие принципы ОЭСР, IV, пункт 46 и VIII.3; КПБ ОСИ Принцип 9.v; ДРП РВ, 3.2, 12.14, 25.1 и 25.3; Руководящие принципы ООН, Принцип 31; ПОИСХ Принцип 1; Руководящие принципы Агуэй-гу, 63; Декларация МНК, 58-59; Стандарт деятельности МФК 1, пункт 35, и Стандарт деятельности МФК 5, пункт 11. Также см. Приложение А, 1.5. Дополнительную справочную информацию о механизме рассмотрения жалоб можно найти в Руководстве ОЭСР по комплексной оценке для эффективного взаимодействия с заинтересованными сторонами в добывающем секторе.

30. КПБ ОСИ Принцип 3; Конвенцией о ликвидации всех форм дискриминации в отношении женщин (КЛДЖ).

31. Дополнительную информацию о признанных на международном уровне правах человека можно найти в Руководящих принципах ОЭСР, VI. 39.

32. Руководящие принципы ОЭСР, II.A.2 и IV; КПБ ОСИ Принципы 1, 9.iv и 10 и Пункты 3, 19.i, 47.v, 50 и 51; Руководящие принципы ООН, пункт 11. См. Приложение А, 2.

33. Руководящие принципы ОЭСР, IV.1 и 2.

34. Руководящие принципы ОЭСР, IV.3; ДРП РВ, 3.2; ПОИСХ Принцип 1; Руководящие принципы Агуэй-гу, 57; Глобальный договор ООН, Принципы 1-2.

35. Руководящие принципы ОЭСР, IV.5; Руководящий принцип ООН 17.

36 Руководящие принципы ОЭСР, IV.6; Руководящий принцип ООН 22.

37. Всеобщая декларация прав человека, статья 2; Принципы ОИСХ-КВПБ 3.ii. Как подчеркивается в Приложении А, Руководящие принципы ОЭСР (V.1.e) гласят, что предприятия должны «в ходе своей деятельности руководствоваться принципом равенства возможностей и обращения при найме на работу и не подвергать работников трудовой дискриминации по таким признакам, как раса, цвет кожи, сексуальная ориентация или гендерная идентичность, религия, политические взгляды, национальное происхождение или социальное происхождение или иной статус». В Комментарии 54 говорится, что термин «иной статус» для целей Руководства относится к профсоюзной деятельности и личным характеристикам, таким как возраст, инвалидность, беременность, семейное положение, сексуальная ориентация или ВИЧ-статус.

38. Руководящие принципы ОЭСР, V.1-3; КПБ ОСИ Принцип 2.i-ii; Декларация МНК, пункт 8; Руководящие принципы ООН, 12; Стандарт деятельности МФК 2; «Инициатива по правам ребенка и принципам ведения бизнеса» Принцип 2. Все государства-члены МОТ должны соблюдать эти основополагающие стандарты в сфере труда, которые представляют собой четыре основополагающих принципа Декларации МОТ об основополагающих принципах и правах в сфере труда, независимо от того, какую Конвенцию МОТ они ратифицировали.

39. Руководящие принципы ОЭСР, V.4.b и V.4.c; КПБ ОСИ Принцип 2.iii; Декларация МНК 37-40; Стандарт деятельности МФК 2, пункты 10, 23, 25, 28-29; «Инициатива по правам ребенка и принципам ведения бизнеса» Принципы 3 и 4.

40. Декларация МНК, 16 и 25-28. Дополнительную информацию можно найти в Приложении А, 3 о достойных условиях труда.

41. Рекомендация МОТ 198, Статья 7.a; Стандарт деятельности МФК 2, пункт 11.

42. КПБ ОСИ Принцип 3.iv.

43. Всеобщая декларация прав человека, Статья 23.

44. Руководящие принципы ОЭСР, II. A.4; Декларация МНК, пункты 16 и 19; КПБ ОСИ Принцип 2.iii.

45. КПБ ОСИ Принципы 2,iii и 4.ii; Декларация МНК 30-32.

46. Конвенция МОТ 2000 года об охране материнства (№ 183); Конвенцией о ликвидации всех форм дискриминации в отношении женщин, Статья 11 (2).

47. КПБ ОСИ Принцип 8.iv.

48. Руководящие принципы ОЭСР, VIII.1, 6-7; КПБ ОСИ Принципы 2.viii и 8.i, iii и iv; ПОИСХ, 5.2.1.

49. Руководящие принципы Агуэй-гу, 50; Стандарт деятельности МФК 4.

50. КПБ ОСИ Принцип 1 и 8.i; ДРП РВ 12.1, 12.4 и 12.12; ПОИСХ Принцип 2.2. См. Приложение A, 5. Четыре элемента продовольственной безопасности: наличие, доступность, стабильность и использование продовольствия отражены в Плане действий Всемирного продовольственного саммита 1996 года, который был принят 112 главами государств и правительств, которые обязались «проводить политику, имеющую целью искоренение бедности и неравенства и усовершенствование физического и экономического доступа для всех в любое время к достаточному, соответствующему требованиям продовольственной корзины и безопасному питанию, его эффективному использованию; мы будем следовать устойчивой политике и практике продовольственного, сельскохозяйственного, рыболовецкого, лесоводческого и сельского развития на территориях с высоким или низким потенциалом возможностей, что является существенно необходимым для адекватных и надежных поставок продовольствия на уровне домашних хозяйств, национальных, региональных и глобальном уровнях».

51. В ДРП РВ 4.4 содержится следующее определение понятия «законные права владения и пользования»: «В соответствии с принципами консультации и участия, провозглашенными настоящими Руководящими принципами, государствам следует в правилах, предаваемых широкой гласности, определить категории прав, считающихся законными».ʼ

52. ДРП РВ, 2.4, 3.2, 9.1, 11.4 и 12.3; КПБ ОСИ Принципы 5 и 9.ii и Пункт 51; Принципы ООН по ответственным контрактам, прилагаемые к Руководящим принципам ООН и утвержденные Советом ООН по правам человека, Принцип 10.

53. ДРП РВ, 9.1, 12.4, 16.1 и 16.3; Стандарт деятельности МФК 5, пункты 2 и 8 и Стандарт 7, пункт 15; «Инициатива по правам ребенка и принципам ведения бизнеса» Принцип 7. Формулировка «быстрая, адекватная и эффективная компенсация» считается общепринятым принципом обычного международного права для вида компенсации, причитающейся за осуществление законной экспроприации. См. Приложение A, 6. Примечание: стандарты, упоминаемые в настоящем Руководстве, соответствуют обязательствам по нулевой терпимости в отношении лишения любых законных прав владения и пользования, недавно принятых крупными предприятиями пищевой промышленности.

54. ДРП РВ, 16.1 и 16.3; ПОИСХ Принцип 6.2.1; Стандарт деятельности МФК 5, пункты 9-10, 12, 19, 27-28, и Стандарт деятельности 7, пункты 9 и 14. В соответствии со Стандартом деятельности МФК 7, пункт 14, земельная компенсация предоставляется вместо денежной компенсации в случае, когда это целесообразно, с необходимостью обеспечить бесперебойный доступ к природным ресурсам или установить эквивалентные заменяющие ресурсы. В качестве последнего варианта следует предоставить денежную компенсацию и определить альтернативные источники существования.

55. КПБ ОСИ Принцип 8.ii. См. Приложение А, 7.

56. Основополагающие принципы, разработанные Всемирной организацией здравоохранения животных (МЭБ). Для получения дополнительной информации см. «Пять свобод» Совета по благополучию сельскохозяйственных животных по адресу *www.fawc.org.uk/freedoms.htm*.

57. Английский регламент 2000 года (S.I. 2000 № 1870) и Регламент 3 (1) о благополучии сельскохозяйственных животных.

58. Руководящие принципы ОЭСР, VI.1; КПБ ОСИ Принцип 10; ДРП РВ 4.3, 11.2, 12.6 и 12.10; ПОИСХ Принцип 7; Стандарт деятельности МФК 1.1.

59. Перечень токсичных веществ можно найти в: перечне опасных агрохимикатов Всемирной организации здравоохранения (ВОЗ); рекомендованная ВОЗ классификация пестицидов по классу опасности Ia (чрезвычайно опасный) или Ib (очень опасный); Стокгольмская конвенция о стойких органических загрязнителях (СОЗ) 2004 года; Роттердамская Конвенция о процедуре предварительного обоснованного согласия в отношении отдельных опасных химических веществ и пестицидов в международной торговле 2004 года; Базельская конвенция о контроле за трансграничной перевозкой опасных отходов и их удалением 1992 года; Монреальский протокол по веществам, разрушающим озоновый слой 1999 года; и и перечень пестицидов «Заменить сейчас же» (SIN).

60. Хотя большая часть документов, которые были одобрены в рамках межправительственного процесса, относятся к «эффективности использования ресурсов», пункт 9 о потреблении воды в Стандарте деятельности МФК 3 идет дальше, требуя от предприятия «принимать меры, позволяющие избежать или сократить использование воды».

61. Согласно определению Стандарта деятельности МФК 6, пункт 20, охраняемая законом территория соответствует определению Международного союза охраны природы (МСОП): «Четко определенное географическое пространство, признанное, получившее статус и управляемое с помощью предусмотренных законом или других эффективных средств в целях долговременной охраны природы вкупе с соответствующими экосистемными услугами и культурными ценностями» Относятся только территории признанные таковыми государствами.

62. Руководящие принципы ОЭСР, VI.6; КПБ ОСИ Принципы 1.i и 6; ПОИСХ Принцип 7; Стандарт деятельности МФК 3 и 6; КБР; Конвенция о международной торговле видами дикой фауны и флоры, находящимися под угрозой исчезновения, СИТЕС, 1975 года. Также см. Приложение А, 8.

63. Руководящие принципы ОЭСР, II.A.5 & 7, II.A.15, и VII; КПБ ОСИ Принцип 9.i; ДРП РВ, 6.9, 9.12 & 16.6; Глобальный договор ООН Принцип 10. См. Приложение А, 9.1. Кроме того, на финансовые учреждения распространяются

международные стандарты в области борьбы с отмыванием денег и финансированием терроризма и распространения оружия, разработанные Группой по разработке финансовых мер и утвержденные 180 странами в 2003 году. Профилактические меры, в том числе комплексная проверка клиентов и ведение учета, особенно полезны для борьбы с коррупцией.

64. Руководящие принципы ОЭСР, XI.1-2. См. Приложение А, 9.2.

65. Руководящие принципы ОЭСР, X.2-3. См. Приложение А, 9.3.

66. Принципы корпоративного управления «Группы двадцати»/ОЭСР являются международным руководством по вопросам корпоративного управления для политиков, инвесторов, корпораций и других заинтересованных сторон во всем мире. Они были приняты в качестве одного из ключевых стандартов Совета по финансовой стабильности (FSB) по надежным финансовым системам и использовались Группой Всемирного банка при проведении более 60 страновых обзоров по всему миру. Они служат основой для руководящих принципов корпоративного управления банками, изданных Базельским комитетом по банковскому надзору. *www.oecd.org/corporate/Принципы-corporate-governance.htm.*

67. Руководящие принципы ОЭСР, IX; КПБ ОСИ Принцип 7, iv; Декларация МНК, 19; КБР, Статья 16; Глобальный договор ООН Принцип 9.

68. Стандарт деятельности МФК 6, пункт 26.

69. Руководящие принципы ОЭСР, IV, Комментарий 44; Руководящие принципы ООН, пункт 16.

70. Согласно определению Комиссии «Кодекс Алиментариус» 2006 года, прослеживаемость – это возможность проследить движение пищевых продуктов через установленные стадии производства, обработки и распределения.

71. *Отслеживание баланса массы* – это контроль точного объема оцениваемого и сертифицированного материала, поступающего в производственно-сбытовую цепочку. Эквивалентный объем продукции, вышедший из производственно-сбытовой цепочки, может быть продан или сертифицирован. Могут смешиваться сертифицированные и несертифицированные компоненты. *Отслеживание физической сегрегации* – это идентификация и отслеживание сертифицированных материалов и продуктов по всей цепочке поставок. Цепочка обеспечения сохранности – это хронологическое документирование или учет на бумаге конфискации, хранения, контроля, передачи, анализа и распоряжения физическим продуктом.

72. Более подробную информацию по этому вопросу можно найти в Приложении А, 1.3.

73. Дополнительную информацию можно найти в: Приложении А, Раздел 1.5; МФК, 2009; и Руководстве ОЭСР по комплексной оценке для эффективного взаимодействия с заинтересованными сторонами в добывающем секторе.

74. Согласно описанию в руководстве Международного института устойчивого развития (IISD) по проведению переговоров по заключению инвестиционных договоров (IISD, 2014), оценки воздействия на окружающую среду (ОВОС) в настоящее время являются прочно установившейся практикой для проектов в широком спектре экономических секторов. К середине 1990-х годов приблизительно две трети 110 развивающихся государств в той или иной форме приняли законодательство по ОВОС. Оценка социального воздействия является

менее распространенной практикой, но все чаще становится частью процесса и практики ОВОС. Общепринятые принципы оценки социального воздействия отсутствуют, но Международная ассоциация по оценке воздействий опубликовала согласованный перечень руководящих принципов. Другими вариантами являются оценка устойчивости, которая сочетает в себе социальные, экономические и экологические аспекты или оценка совокупного воздействия. Расширяется практика совместного проведения оценок экологических и социальных воздействий. Оценка воздействий может также затрагивать воздействия на благополучие животных.

75. Инструменты анализа рисков, например, разработанные Всемирным фондом дикой природы (WWF), могут быть полезными при определении рисков. К ним относятся инструмент анализа риска поставок (*www.supplyrisk.org*) и фильтр связанных с водой рисков (*htttp://waterriskfilter.pua.org*).

76. Более подробную информацию можно найти в Приложении А, 2 и 6.

77. Например, когда финансовая услуга, в первую очередь используемая для установления права собственности, финансирования или поддержания *общей результативности деятельности* клиента (например, общекорпоративные кредиты или финансирование), или только его *специального направления деятельности* (например, финансирование проекта), выходит за рамки рекомендуемого в соответствии с Руководящими принципами ОЭСР процесса комплексной экспертизы. В первом случае финансовое учреждение, скорее всего, отреагирует на все неблагоприятные воздействия, связанные с деятельностью клиента. В последнем случае оно должно отреагировать только на воздействия, возникающие в результате деятельности, которую оно финансирует или поддерживает.

78. В соответствии с Пояснительным руководством Управления Верховного комиссара ООН по правам человека «Корпоративная ответственность за соблюдение прав человека», средство правовой защиты - это не только процесс предоставления возмещения и правовой защиты от неблагоприятного воздействия, но и материальные результаты, которые могут противодействовать такому неблагоприятному воздействию или служить в качестве его компенсации. Такие результаты могут принимать разнообразные формы, включая принесение извинений, реституцию, реабилитацию, финансовую или нефинансовую компенсацию. и применение санкций (уголовных или административных, например, в форме штрафов), а также предотвращение нового ущерба, например с помощью судебных запретов или гарантий неповторения.

79. Программа, реализованная в рамках Инициативы по устойчивости Южной Африки (SIZA), является хорошим примером местной программы по соблюдению социальных норм. Данная программа по этической торговле была разработана ассоциацией местных производителей. С учетом положений национального законодательства, справочного кодекса, типового процесса и методологии проведения проверок программы по соблюдению мировых социальных норм, а также Конвенции МОТ в ней установлены единые стандарты для производителей фруктов в Южной Африке. Крупная розничная сеть работает с местными организациями для усиления их потенциала. Расширяя возможности местных партнеров, розничная сеть стремится обеспечить устойчивость своих инвестиций в социальную эффективность своей сельскохозяйственной производственно-сбытовой цепочки в Южной Африке.

80. После трагедии в Rana Plaza НКЦ Франции в следующем отчете отметил важность независимых и качественных аудитов: Отчет НКЦ о выполнении

Руководящих принципов ОЭСР в секторе текстильной промышленности и изготовления одежды по предложению Министра внешней торговли Николь Брик, Рекомендация № 6 на стр. 57-58, 2 декабря 2013, *www.tresor.economie.gouv.fr/File/398811*.

81. Например, компания «SGS» разработала программу соблюдения социальных требований в мире в целях сокращения инспекционной нагрузки.

Список использованной литературы

ФАО (2012), *Положение дел в области продовольствия и сельского хозяйства. Инвестирование в сельское хозяйство ради улучшения будущего* Продовольственная и сельскохозяйственная организация ООН, Рим.

FAO (2014), *Положение дел в области продовольствия и сельского хозяйства. Инновации в семейных фермерских хозяйствах* Продовольственная и сельскохозяйственная организация ООН, Рим.

IISD (2014), *Guide to Negotiating Investment Contracts for Farmland and Water*, International Institute for Sustainable Development, Manitoba.

OECD/FAO (2015), *OECD-FAO Agricultural Outlook 2015*, OECD Publishing, Paris, http://dx.doi.org/10.1787/agr_outlook-2015-en

OECD (2014), *Due Diligence in the Financial Sector: Adverse Impacts Directly Linked to Operations, Products or Services by a Business Relationship* http://mneguidelines.oecd.org/global-forum/GFRBC-2014-financial-sector-document-1.pdf.

OECD (2013), *OECD Due Diligence Guidance for Responsible Supply Chains of Minerals from Conflict-Affected and High-Risk Areas: Second Edition*, OECD Publishing, Paris, http://dx.doi.org/10.1787/9789264185050-en.

Приложение А

Меры по снижению и предотвращению рисков в производственно-сбытовых цепочках в секторе сельскохозяйственного производства

В настоящем Приложении определяются риски неблагоприятных воздействий, возникающих в производственно-сбытовых цепочках в сфере сельского хозяйства, и предлагаются меры по их снижению и предотвращению на основе стандартов, использованных при формировании типовой политики предприятия. Предлагаемые меры могут усиливать друг друга. Например, соблюдение трудовых прав, в том числе путем обеспечения достойной отплаты и условий труда, способствует осуществлению права на достаточное питание и достижение наивысшего достижимого уровня физического и психического здоровья. Реализация предлагаемых мер должна быть скорректирована с учетом положения и вида участия каждого предприятия в производственно-сбытовой цепочке, условий и места осуществления их деятельности, а также их размеров и мощностей.

1. Межотраслевые стандарты ОВБ

1.1 Раскрытие информации

Риски

Отсутствие прозрачности может порождать недоверие и не позволять предприятиям урегулировать незначительные проблемы до того, как они перерастут в крупные конфликты, причем максимальный обмен информации может снизить операционные издержки всех заинтересованных сторон (FAO, 2010[TI(1)]). Если форма подачи информации лишена культурно-языковой адекватности, сама информация является несвоевременной и не может быть измерена и проверена, в том числе путем проведения регулярных консультаций и использования общих средств массовой информации, предприятия рискуют быть не до конца понятыми потенциально затрагиваемыми заинтересованными сторонами или не суметь выстроить взаимоотношения со всеми соответствующими сторонами (МФК, 2012). Отсутствие четких и исполняемых законов о прозрачности и раскрытии информации является основанием для проведения углубленной комплексной экспертизы (OECD, 2006).

Меры по снижению рисков

- **Своевременное и достоверное информирование** общественности без ухудшения конкурентной позиции или обязанностей основных собственников предприятия, о следующем:

- задачи, характер и сфера деятельности

- договоры аренды и/или договоры и их условия

- деятельность, структура, имущественные права и управление предприятием

- финансовое положение и показатели деятельности предприятия

- политика и процесс реализации политики по ОВБ, в том числе процесс взаимодействия с заинтересованными сторонами и наличие механизмов подачи и рассмотрения жалоб.

- оценка воздействия на окружающую среду, социальную сферу и права человека (ОВОС ССПЧ), в том числе оценка прогнозируемых факторов риска, например, связанные с деятельностью предприятия потенциальные воздействия на права заинтересованных сторон на благоприятную окружающую, социальную среду, права человека, здоровье и безопасность, а также в местах расположения святынь или на землях и в акваториях, традиционно занимаемых и используемых коренными и местными общинами

- планы по социально-экологическому управлению, управлению правами человека и характеристика продуктов[1]

- **Распространение информации** с помощью использования всех соответствующих средств информирования (печатные, электронные средства информирования и социальные сети, в том числе газеты, радио, телевидение, почтовые рассылки, местные собрания и т. д.) с учетом ситуации в отдаленных или изолированных и в значительной степени неграмотных сообществах, причем гарантируя, что такое информирование и консультации проводятся на языке(ах) затронутых сообществ[2].

- В случае возникновения прямой угрозы причинения вреда здоровью людей или окружающей среде, обеспечить **незамедлительную передачу** органам управления и общественности всей информации, необходимой для принятия мер для предотвращения или смягчения вреда, причиненного такой угрозой[3].

- **Адаптация политики о раскрытии информации** к характеру, размеру и месту осуществления деятельности с должным учетом затрат, вопроса соблюдения конфиденциальности и других связанных с конкуренцией вопросов[4]

1.2 Консультации

Риски

Непроведение консультаций с заинтересованными сторонами, интересы которых могут быть затронуты деятельностью, не позволяет предприятиям провести реальную оценку жизнеспособности проекта и определить эффективные и зависящие от контекста меры реагирования. Всесторонние и полностью прозрачные консультации позволяют сократить трансакционные издержки, снизить степень сопротивления и сформировать доверие среди заинтересованных сторон.

Меры по снижению рисков

- Разработка и реализация **плана взаимодействия с заинтересованными сторонами** с учетом рисков, оказываемых воздействий и этапа развития деятельности, а также характеристик и интересов затрагиваемых сообществ. По мере возможности, план должен содержать дифференцированные меры, обеспечивающие эффективное участие лиц, находящихся в неблагоприятном или уязвимом положении[5].

- Заблаговременное и постоянное проведение добросовестных, эффективных и содержательных консультаций с местными **сообществами, интересы которых могут быть затронуты**, с должным учетом международных стандартов, указанных в Приложении В. Такие консультации также следует проводить в случае любых изменений в деятельности[6].

- Организация процесса консультаций и принятия решений **без запугивания**, в духе доверия до принятия решений, и реагирование на высказываемые мнения с учетом существующего дисбаланса сил между различными сторонами[7].

- В случае необходимости **оказание технической и юридической помощи** затронутым сообществам для обеспечения их недискриминационного участия в разработке проектов на ряду с представляющими их интересы организациями и совместно с такими сообществами.

- **Полный и справедливый учет мнений, высказанных** в ходе консультаций, заблаговременное уведомление о проведении общественных консультаций о предлагаемой деятельности для того, чтобы затрагиваемые сообщества могли подготовить свои ответы и проинформировать других затронутых лиц о ходе рассмотрения волнующих их проблем[8].

- **Документальное оформление и выполнение соглашений**, достигнутых в результате консультаций, в том числе путем внедрения процесса, с помощью которого можно вести соответствующий учет мнений и волнующих сообщество проблем. Несмотря на то, что предпочтение отдается письменной форме подачи обращений, мнения членов сообщества также могут быть в форме видео- или аудиозаписи или подаваться любым другим приемлемым способом при условии согласия со стороны сообществ[9].

- В максимально возможной степени обеспечить контроль за тем, что **представители сообщества** в действительности представляют мнения заинтересованных сторон, интересы которых они представляют, и что на них можно положиться, как на лиц, добросовестно информирующих представляемые ими группы о результатах состоявшихся консультаций.

- При проведении **оценок воздействия** внедрение механизмов для участия сообществ, в том числе уязвимых групп населения, в разработке и проведении оценок, определение лиц, отвечающих за вопросы материальной ответственности, механизмы урегулирования претензий, страхование и компенсацию, а также создание процесса рассмотрения и обжалования[10].

1.3 Оценка воздействий

Риски

Предприятия могут предотвратить или в случае, когда предотвращение невозможно, смягчить фактические и потенциальные неблагоприятные воздействия от своей деятельности, процессов, товаров и услуг, на постоянной основе проводя оценку рисков возникновения таких воздействий на протяжении всего их жизненного цикла. Такая оценка может позволить им выработать комплексный и прогностический подход к управлению рисками, в том числе рисками, возникающими в результате деятельности их деловых партнеров[11].

Меры по снижению рисков

- Оценка воздействий должна включать **следующие этапы**:

  1. Скрининг, т.е. определение предложений, подлежащих оценке воздействия, чтобы исключить предложения, которые вероятнее всего не будут иметь неблагоприятных воздействий, а также чтобы определить необходимую степень оценки.

  2. Определение масштабности, т.е. определение направленности оценки воздействия и ключевых вопросов для изучения.

  3. Анализ воздействия.

  4. Определение мер по смягчению воздействия, в том числе, в зависимости от обстоятельств, приостановление деятельности; поиск альтернативных решений для предотвращения неблагоприятных воздействий; учет защитных положений при проектировании деятельности; или выплата материальной и/или нематериальной компенсации за неблагоприятные воздействия.

- При необходимости обеспечить охват следующих **возможных воздействий** (уместно охватить не только негативные, но и положительные воздействия в целях усиления последних) при проведении оценки воздействий на окружающую среду, социальную сферу и права человека (ESHRIA):

  - экологические воздействия, такие, как воздействия на качество воздуха, земли, почвы, воды, леса и биоразнообразия[12]

  - социальные воздействия, которые могут оказать влияние на благосостояние, жизненность и жизнеспособность затронутых сообществ, в том числе качество жизни, измеряемое с помощью различных социально-экономических индикаторов, таких, как распределение доходов, физическая и социальная целостность и защита индивидов и общин, уровни и возможности трудовой занятости, здравоохранение и социальное обеспечение, образование, доступность жилья и качество жилищных условий, инфраструктура и бытовые услуги

  - воздействия на права человека, которые могут повлиять, например, на осуществление экономических, социальных, культурных, гражданских и политических прав затронутых сообществ

  - воздействия на культурное наследие, образ жизни, ценности, системы верований, язык (и), обычаи, экономику, отношения с местной средой и конкретными видами, социальную организацию и традиции затронутых сообществ

- воздействия на женщин с учетом их роли в добывании продуктов питания, поддержании биологического разнообразия и хранении особых элементов традиционных знаний[13]

- воздействия на благополучие животных.

- Обеспечение участия **затрагиваемых сообществ** в проведении оценки воздействия, получение от них информации и их регулярное информирование на всех этапах проведения оценки воздействия[14].

- Оценка рисков и воздействий в контексте **сферы влияния проекта** в тех случаях, когда проект включает конкретно задействованные физические элементы, аспекты и объекты, способные оказать отрицательные воздействия[15].

1.4 Совместное пользование выгодами

Риски

Чтобы предотвратить риск сопротивления со стороны местного сообщества и снизить трансакционные издержки предприятия должны рассмотреть способы максимизации положительного воздействия от своей деятельности на местные сообщества. Проведение консультаций с разными заинтересованными сторонами о преимуществах их деятельности может помочь в укреплении доверия, обеспечении принятия на местном уровне и создании долгосрочных союзов между сторонами при одновременном предотвращении конфликтов. Забота о том, чтобы деятельность приносила пользу этим заинтересованным сторонам, также может способствовать выявлению приемлемых мест для осуществления деятельности и использованию местных знаний для обеспечения оптимального использования агроэкологического потенциала (FAO, 2010; UN, 2009).

Совместное пользование выгодами отличается (а может дополнять) от компенсации за неизбежные неблагоприятные воздействия; оно направлено на выстраивание партнерских отношений между предприятием и коренными народами или местными сообществами в знак признания их вклада в деятельность. При определенных обстоятельствах коренные народы или местные сообщества могут иметь право пользоваться выгодами, получаемыми от деятельности, если предприятия пользуются их землей, ресурсами или знаниями[16]. Такие выгоды могут быть материальными или нематериальными[17] в зависимости от договоренности, достигнутой между предприятием и соответствующим сообществом в ходе консультаций. Решение о видах выгод может быть отражено в оценке ESHRIA[18].

Однако также существуют риски, связанные с совместным пользованием выгодами. Предприятия рискую оказаться в ситуации конфликта с коренными народами в том случае, когда после проведения переговоров для достижения соглашений о совместном пользовании выгодами, в действительности не все сообщество получает возможность совместно пользоваться выгодами, а лишь только определенная группа заинтересованных сторон. Договоренность о совместном пользовании выгодами может быть достигнута с некоторыми, но не со всеми соответствующими сообществами, что приводит к исключению определенных сообществ. Такие риски можно смягчить с помощью значимого участия заинтересованных сторон в процессе проведения комплексной экспертизы.

Меры по снижению рисков

- Стремление **выявлять возможности** для извлечения выгод в области развития, например, с помощью: создания на местах прямых и обратных связей и рабочих мест с безопасными условиями труда; диверсификации каналов получения дохода; укрепления потенциала; процесса закупок на местах; передачи технологий; улучшения местной инфраструктуры; расширения доступа к кредитам и рынкам, особенно для малого и среднего бизнеса; платежей за экологические услуги; распределения поступающей выручки; или создания целевых фондов[19].

- Обеспечение **соответствия деятельности приоритетам развития** и социальным задачам правительства принимающего государства[20].

- Совместное пользование **материальными и нематериальными выгодами**, возникающими в результате деятельности с использованием земли, ресурсов и знаний коренных народов на основе процесса консультаций и ESHRIA, причем такое совместное пользование не должно быть несправедливо выгодно только для конкретной группы, а должно способствовать справедливому и устойчивому социальному развитию[21]

1.5 Механизмы подачи и рассмотрения жалоб

Риски

Механизмы рассмотрения жалоб на оперативном уровне, разработанные как системы раннего оповещения о рисках, представляют собой локальный, упрощенный и взаимовыгодный механизм урегулирования проблем между предприятиями и затронутыми сообществами, в том числе правообладателями прав землепользования, который позволяет быстро, недорого и справедливо разрешать мелкие споры до их перехода на этап формального урегулирования, в том числе этап судебного урегулирования споров (IFC, 2009). Они могут являться источником ценной информации для предприятий, выступая в качестве системы раннего оповещения о более крупных проблемах; обеспечивая получение информации от лиц, которые видят возможности для дальнейшего улучшения деятельности компании или систем управления; указывая на необходимые системные изменения, чтобы не допустить повтора конкретных жалоб (CAO, 2008).

Меры по снижению рисков

- **Определение масштабности** механизма рассмотрения жалоб в зависимости от рисков и неблагоприятных последствий деятельности с целью скорейшего урегулирования проблем с использованием понятного, прозрачного, адекватного с точки зрения культуры и доступного процесса консультаций без какого-либо притеснения стороны, поднявшей проблему или вопрос[22].

- **Взаимодействие с затронутыми сторонами** по вопросам структуры и функционирования механизма с тем, чтобы: он отвечал их потребностям; они могли использовать его на практике; был общий интерес к обеспечению его успешной работы[23].

- Не допускать использования созданных предприятиями механизмов рассмотрения жалоб для **закрытия доступа** к судебным или внесудебным механизмам рассмотрения жалоб, в том числе НКЦ в соответствии с Руководящими принципами ОЭСР, или для подрыва роли профсоюзов в разрешении трудовых споров[24].

Кроме того, критерии для оценки эффективности внесудебных механизмов рассмотрения жалоб, содержащиеся в Руководящих принципах ООН (Принцип 31), содержат важную норму: с целью обеспечения эффективности внесудебных механизмов рассмотрения жалоб, как государственных, так и негосударственных, они должны соответствовать критериям, изложенным в таблице А.1 ниже.

Таблица А.1. **Критерии эффективности внесудебных механизмов рассмотрения жалоб**

Легитимность	Создание доверия со стороны групп заинтересо-ванных сторон, для которых предназначены эти механизмы, их подотчетность с точки зрения справедливости процессов рассмотрения жалоб.
Доступность	Обеспечение информированности всех групп заин-тересованных сторон, для которых предназначены эти механизмы, и предоставление надлежащей помощи сторонам, доступу которых препятствуют барьеры особого рода.
Предсказуемость	Обеспечение четкой и понятной процедуры с указанием ориентировочных сроков прохождения каждого этапа, а также внесение ясности в отношении имеющихся типов процесса и результатов и способов контроля за выполнением решений.
Справедливость	Стремление обеспечить, чтобы пострадавшие стороны имели разумный доступ к источникам информации, консультациям и экспертным знаниям, необходимым для участия в процессе подачи жалобы на основе принципов справедливости, информированности и уважения.
Прозрачность	Информирование сторон процесса рассмотрения жалобы о его ходе, и предоставление достаточной информации о результативности механизма с целью укрепления доверия к его эффективности и обеспечения затрагиваемых публичных интересов.
Соответствие нормам в области прав человека	Обеспечение соответствия итоговых решений и средств правовой защиты признанных на международном уровне прав человека.
Источник непрерывного обучения	Анализ соответствующих мер с целью выявления уроков, необходимых для совершенствования механизма и предотвращения будущих жалоб и причинения вреда в будущем.
Основаны на взаимодействии и диалоге	Проведение консультаций с группами заинтересованных сторон, для которых предназначены эти механизмы, по вопросам их формирования и эффективности их функционирования, а также уделение внимания диалогу как способу рассмотрения жалоб и принятия по ним решений.

Источник: Руководящие принципы ООН, принцип 31.

2. Права человека

Риски

Предприятия берут на себя риск несоблюдения прав человека в том случае, когда их деятельность непосредственно оказывает или способствует оказанию неблагоприятного воздействия на права человека, и в тех случаях, когда они не занимаются их урегулированием после их возникновения. Им необходимо предотвращать или минимизировать неблагоприятные воздействия на права человека, которые напрямую связаны с их деятельностью, продуктами или услугами через деловые отношения[25]. Ответственность предприятий за соблюдение прав человека существует отдельно от способности и/или готовности государств выполнять свои собственные обязательства в области прав человека и ни в коей мере не уменьшает эти обязательства[26]. Если национальное законодательство недостаточно развито или не применяется на практике, предприятиям необходимо проводить углубленную комплексную экспертизу для выявления и устранения риска неблагоприятный воздействий на права человека.

Следует помнить о взаимозависимости всех прав человека, в том числе экономических, социальных, культурных, гражданских и политических прав. Предприятиям необходимо на регулярной основе анализировать свои обязанности в сфере прав человека с тем, чтобы можно было понять, есть ли риск нарушения прав человека, в том числе тех, которые непосредственно не рассматриваются в настоящем Руководстве.

Меры по снижению рисков

- **Определение правообладателей**, которые потенциально могут пострадать от деятельности предприятия и деятельности его деловых партнеров. Это, как правило, предполагает проведение углубленного ознакомительного анализа текущей или потенциальной деятельности и взаимоотношений предприятия с проведением последующей качественной оценки этой деятельности в соответствии со стандартами в области прав человека для выявления субъектов, права которых могут быть нарушены. Чтобы полностью понять все возможные негативные последствия деятельности и взаимоотношений предприятия необходимо провести упреждающие консультации с соответствующими заинтересованными сторонами[27].

- **Проведение комплексной экспертизы прав человека** путем проведения оценки фактического и потенциального воздействия на права человека[28], учета и принятия соответствующих мер на основе полученных результатов, отслеживания ответных мер и информирования о мерах по устранению воздействий. Комплексная экспертиза прав человека – это непрерывный процесс, признающий, что риски в области прав человека могут со временем меняться по мере развития деятельности и условий ее осуществления[29].

- Обеспечение **справедливого отношения ко всем заинтересованным сторонам**, в частности, уязвимым группам, таким, как женщины, молодежь и меньшинства, с учетом их положения, проблем и потребностей[30].

- Признание важнейшей роли, выполняемой женщинами в секторе сельского хозяйства, и принятие необходимых мер для **ликвидации дискриминации в**

отношении женщин, а также помощь в обеспечении их полного профессионального становления и развития[31], в том числе путем содействия равному доступу и обеспечения контроля за природными ресурсами, сырьем, производственными инструментами, консультативными и финансовыми услугами, обучением, рынками и информацией[32].

3. Трудовые права

Риски

Принимающие государства и сообщества могут получить значительные выгоды от предприятий, вносящих свой вклад в повышение экономического и социального благополучия посредством повышения уровня жизни и создания привлекательных возможностей для трудоустройства, а также посредством оказания содействия в реализации прав человека и трудовых прав. Помимо соблюдения основных трудовых стандартов в отношении своих работников, они могут способствовать улучшению условий труда неформальных работников, в том числе в подсобных хозяйствах.

Государства-участники Международного пакта об экономических, социальных и культурных правах (МПЭСКП) признают право каждого на справедливые и благоприятные условия труда (статья 7) и право на создание профессиональных союзов (статья 8). Международный пакт о гражданских и политических правах (МПГПП) также защищает право на создание и объединение в профессиональные союзы. Конвенции Международной организации труда[33] также регулируют трудовых права[34]. И хотя соглашения о правах человека, такие, как МПЭСКП и МПГПП, распространяются на участвующие в них государства, предприятия могут оказывать негативное влияние на реализацию содержащихся в них прав. Таким образом, они играют важную роль в обеспечении постепенного осуществления этих прав. Соблюдение трудовых прав, содержащихся в этих конвенциях, в том числе восьми основополагающих конвенциях МОТ, помогает предприятиям минимизировать негативные воздействия и максимизировать позитивные воздействия. Так, например, выстраивание полноценного диалога со свободно избранными представителями работников позволяет работникам и работодателям лучше понимать проблемы друг друга и находить пути их решения (МОТ, 2006).

Однако соблюдение трудовых прав в секторе сельского хозяйства может являться проблематичным, поскольку как самостоятельная, так и оплачиваемая занятость зачастую являются неформальными видами занятости, и многие работники сельского хозяйства исключены из сферы действия трудового права (UN, 2009). 60% работающих детей в возрасте от 5 до 17 лет работают в сельском хозяйстве (ILO, 2011a). Серьезную обеспокоенность вызывают условия труда и жизни работников плантаций, в частности, обязательное тестирование на беременность, долговая кабала и риски для здоровья, связанные с повсеместным неправильным использованием пестицидов (UN, 2009).

Маргинальные группы, такие, как женщины, молодежь, а также работники из числа коренного населения и мигрантов, а также однодневные, сдельные или сезонные работники, часто сталкиваются с вредными или тяжелыми условиями труда (UN, 2009). Положение женщин сопряжено с определенными рисками: женщины составляют в среднем около 43 процентов всей рабочей силы, занятой в сельском хозяйстве развивающихся стран, но в агропромышленном секторе наблюдается тенденция по отнесению выполняемых женщинами обязанностей к неквалифицированному труду, привлечения женщин к более трудоемким видам работы с меньшей оплатой, чем у мужчин, получения женщинами меньших возможностей для продвижения (МОТ, 2011b).

Нарушение основных трудовых прав может вызывать социальную напряженность, которая может сказываться на работе предприятия. Предприятия, использующие дискриминацию в области труда и занятий, ограничивают свой доступ к талантам из более широкого круга навыков и компетенций. Чувство несправедливости и обиды, вызванные дискриминацией, могут влиять на результативность работы работников (МОТ, 2008).

Меры по снижению рисков [35]

Защита работников

- В ходе деятельности руководствоваться **принципом равенства возможностей и обращения при найме на работу** и не подвергать работников трудовой дискриминации по таким признакам, как раса, цвет кожи, сексуальная ориентация или гендерная идентичность, религия, политические взгляды, национальное происхождение или социальное происхождение или иной статус, за исключением случаев, когда избирательность относительно характеристик работника способствует созданию правительственной политики, которая способствует большему равенству возможностей занятости или имеет отношение к присущим требованиям работы; делает квалификацию, навыки и опыт главным основанием для приема, назначения, обучения и повышения квалификации персонала на всех уровнях[36].

- Соблюдение **минимального возраста** для приема на работу в целях гарантирования соблюдения запрета на использование детского труда[37].

- Воздерживаться от использования или получения преимуществ от использования **принудительного или обязательного труда**, означающего всякую работу или службу, требуемую от какого-либо лица под угрозой силы или какого-либо наказания.

- Непрерывно **контролировать** первичную цепочку поставок с целью выявления любых значительных изменений, или новых рисков, или случаев использования детского и/или принудительного труда, а также работа с первичными поставщиками для принятия корректирующих действий и мер защиты[38].

Достойные условия труда

- Соблюдение **стандартов занятости** и промышленных отношений, которые были бы не менее благоприятными, чем те, которые соблюдаются сопоставимыми работодателями. В тех случаях, когда в стране, в которой работает предприятие, отсутствуют сопоставимые работодатели, обеспечивать самый высокий уровень заработной платы, льгот и условий труда в рамках государственной политики. Они должны быть как минимум достаточными для удовлетворения основных потребностей работников и их семей[39].

- Стремление обеспечить **стабильную занятость** для работников и соблюдать свободно согласованные обязательства в отношении стабильности занятости и социального обеспечения[40].

- При рассмотрении изменений в своей деятельности, которые будут иметь значительные последствия для занятости, **заблаговременно уведомлять** представителей работников и, при необходимости, соответствующие органы государственного управления, **о таких изменениях** и сотрудничать с ними в целях максимального смягчения возможных неблагоприятных последствий[41].

Представительство интересов работников и ведение коллективных переговоров

- Признать важность **атмосферы взаимопонимания и доверия на предприятии**, которая благотворна для чаяний работников[42].

- Признать, что трудящиеся без какого бы то ни было различия, имеют право **создавать** по своему выбору организации без предварительного на то разрешения, **а также право вступать в такие организации**.

- Создавать системы регулярных **консультаций и сотрудничества** между работодателями, работниками и их представителями по вопросам, представляющим взаимный интерес, а также органами государственной власти для обеспечения соблюдения национальных политик социального развития.

- Создавать системы регулярного **информирования** работников и их представителей в целях обеспечения содержательных переговоров об условиях занятости и получения ими достоверной и объективной картины о результативности деятельности предприятия[43].

- Воздерживаться от **дискриминационных или дисциплинарных мер** в отношении работников, которые представляют добросовестные отчеты руководству, или, в соответствующих случаях, компетентным государственным органам, о практиках, противоречащих закону, Руководящим принципами ОЭСР или политике предприятия.

- Не угрожать полным или частичным **переводом** работающего предприятия из страны и не переводить рабочих из подразделения предприятия в другую страну в целях оказания несправедливого влияния во время переговоров или препятствования осуществлению права на организацию.

- Не принимать ответные меры, не вмешиваться и не подвергать дискриминации **представителей работников**[44].

- Разрешить уполномоченным представителям работников вести переговоры о **заключении коллективных договоров или управлении трудовыми отношениями**.

- Включить в коллективные договоры положения об **урегулировании споров**, возникающих в связи с их толкованием и применением, а также об обеспечении соблюдения взаимных прав и обязанностей[45].

Найм местных работников

- Насколько это практически возможно и без какой-либо дискриминации, нанимайте местных работников, в том числе на руководящие должности, и организуйте обучение с целью повышения квалификации в сотрудничестве с представителями работников и, где это уместно, соответствующими государственными органами.

- В максимально возможной степени и без какой-либо дискриминации, **нанимать местных рабочих,** в том числе административно-управленческий персонал, и обеспечивать их обучение с целью повышения квалификации совместно с представителями работников и, при необходимости, соответствующими государственными органами[46].

Обучение

- Обеспечить получение работниками **соответствующего обучения** на всех уровнях для удовлетворения потребностей деятельности, в соответствующих случаях, совместно с соответствующими государственными органами и организациями работодателей и работников. Такое обучение должно, по мере возможности, развивать общие полезные навыки и способствовать карьерному развитию.

- В случае осуществления деятельности в развивающихся странах, участвовать в государственных программах, которые поддерживаются организациями работодателей и работников и которые способствуют формированию и **развитию навыков** и получению профессиональной ориентации[47].

- Обеспечить соответствующие программы обучения, образования и наставничества для **молодежи**, чтобы расширить их возможности и/или доступ к достойной работе и предпринимательству, и содействовать доступу женщин к обучению[48].

- В случае целесообразности, **предоставлять услуги квалифицированного персонала** для оказания помощи при реализации государственных программах в рамках вклада в национальное развитие[49].

4. Здоровье и безопасность

Риски

Сельскохозяйственная деятельность зачастую связана с некоторыми наиболее опасными видами деятельности для работников, и многие сельскохозяйственные работники страдают от несчастных случаев на производстве и профессиональных заболеваний. Плохие погодные условия, прямой контакт с опасными животными или растениями, широкое использование химических препаратов, неудобные рабочие позы и продолжительные часы работы, а также использование опасных инструментов и механизмов приводят к проблемам со здоровьем (IFPRI, 2006). Так, например, по оценкам количество случаев отравлений пестицидами колеблется от 2 до 5 миллионов в год, из которых 40 000 являются смертельными (МОТ, 2005 и 2011b). Изменения в землепользовании, утрата естественных буферных зон, таких, как водно-болотные угодья, мангровые леса и высокогорные леса, которые смягчают последствия стихийных бедствий (наводнений, оползней и пожаров), или истощение или деградация природных ресурсов, в том числе снижение качества, количества и доступности пресной воды могут вести к повышению уязвимости и влиять на безопасность сообщества (МФК, 2012).

Здоровье человека может подвергаться риску из-за содержания в пищевых продуктах небезопасных уровней биологической, химической или физической опасности. Такие опасности вызваны окружающей средой (например, токсичными металлами, диоксинами и токсинами, встречающимися в природе), сельскохозяйственной практикой (например, остатки ветеринарных препаратов и пестицидов) или неправильным обращением с продуктами (например, патогенные плесени). К физическим видам опасности относятся грязь, вредители, волосы или пластик. Системы безопасности пищевых продуктов, в том числе система полного контроля «от фермы к вилке», которая включает в себя меры биобезопасности и использование безопасной воды, могут предотвратить эти риски.

Здоровье человека также тесно связано со здоровьем животных. Концепция «Одно здоровье» основана на понимании огромных возможностей в сфере защиты здоровья населения посредством политики, направленной на предотвращение и борьбу с болезнетворными микроорганизмами на уровне популяций животных, на границе соприкосновения людей, животных и окружающей среды. Данная концепция была утверждена несколькими правительствами и привела к мерам, направленным на предотвращение заболеваний, поражающих людей и животных, и на обеспечение ответственного использования антибиотиков среди животных и людей[50]. 60% возбудителей инфекционных заболеваний людей имеют животное происхождение. Такие заболевания, известные как зоонозы, могут передаваться домашними или дикими животными. Заболевания животных, передающиеся человеку, представляют опасность для здоровья людей во всем мире. Эффективным и экономичным решением для защиты людей является борьба со всеми зоонозными патогенами путем их контроля на уровне животных.

МПЭСКП предусматривается постепенная реализация права каждого человека на наивысший достижимый уровень физического и психического здоровья (статья 12). Комитет по экономическим, социальным и культурным правам[51] понимает это право как «всеобъемлющее право, которое включает в себя не только право на своевременные и адекватные услуги в области здравоохранения, но и на такие основополагающие предпосылки здоровья, как доступ к безопасной питьевой воде и адекватным санитарным услугам, безопасные условия труда и окружающей среды, а также доступ к просвещению и информации в области здоровья». Комитет заявляет, что «право на здоровье, как и все права человека, налагает на государства три вида или уровня обязательств: обязательство соблюдать, защищать и осуществлять. В свою очередь, обязательство осуществлять включает в себя обязательство содействовать, обеспечивать и поощрять»[52].

Несмотря на то, что соглашения о правах человека, такие, как МПЭСКП, рассчитаны на участвующие в них государства, предприятия могут оказывать негативное влияние на постепенную реализацию права каждого человека на наивысший достижимый уровень физического и психического здоровья или подрывать деятельность участвующих государств по его постепенной реализации. Таким образом, они выполняют важную роль в обеспечении постепенного осуществления этого права. Помимо описанных выше прямых рисков для здоровья, сельскохозяйственная деятельность и продовольственные системы могут косвенно влиять на здоровье людей.

Меры по снижению рисков [53]

- Провести оценку **рисков и воздействий** на здоровье и безопасность затрагиваемых сообществ, возникающих в результате хозяйственной деятельности.

- Внедрить **превентивные и контрольные меры**, соответствующие передовой международной отраслевой практике[54] и соразмерные характеру и величине выявленных рисков и воздействий, с целью предотвращения или в случае, когда предотвращение невозможно, минимизации рисков и воздействий.

- Не допускать или минимизировать воздействие на работников, третьих лиц и сообщества, оказываемое **опасными материалами и веществами**, которые могут высвобождаться в результате деятельности, в том числе путем изменения, замены или устранения состояния или материала, вызывающего потенциальные опасности, и путем принятия разумных мер для контроля безопасности. поставок, транспортировки и утилизации опасных материалов и отходов.

- Не допускать или минимизировать потенциальную подверженность населения воздействию водных, переносимых водой, трансмиссивных и инфекционных **заболеваний**, которые могут возникнуть в результате деятельности предприятия с учетом дифференцированного воздействия и более высокой чувствительности уязвимых групп.

- Оказывать помощь и сотрудничать с затронутыми сообществами, органами местного самоуправления и другими соответствующими сторонами в подготовке к эффективному реагированию на **чрезвычайные ситуации**, особенно когда участие и сотрудничество предприятий необходимо для реагирования на такие чрезвычайные ситуации[55].

- Рассмотреть возможность соблюдения глобальных **стандартов безопасности пищевых продуктов**, таких, как Кодекс Алиментариус[56], и глобальных стандартов охраны здоровья животных, таких, как стандарты МЭБ[57].

- Гарантировать прослеживаемость для обеспечения безопасности пищевых продуктов, а также для проведения социально-экологического управления и повышения доверия[58].

5. Продовольственная безопасность и питание

Риски

В соответствии с МПЭСКП (статья 11) право на достаточное питание является одной из составляющих прав на достаточный уровень жизни[59]. Государства-участники МПЭСКП обязуются принимать меры для постепенного осуществления права на достаточный уровень жизни, в том числе право на достаточное питание. МПЭСКП также признает основное право каждого человека на свободу от голода.

Признавая это право, государствам-участникам следует рассмотреть возможность реализации мер для усовершенствования методов производства, хранения и распределения продовольствия, а также учитывать проблемы стран-импортеров и стран-экспортеров. Комитет по экономическим, социальным и культурным правам постановил, что «право на достаточное питание реализуется в том случае, когда каждый человек - мужчина, женщина и ребенок - отдельно или совместно с другими в любое время имеет физические и экономические возможности для доступа к достаточному питанию или располагает средствами его получения». Он заявляет, что «право на достаточное питание, как и все права человека, налагает на государства-участники обязательства трех видов или уровней: обязательства уважать, защищать и осуществлять» и что «в рамках своих обязательств по защите продовольственной ресурсной базы людей государства-участники должны принять меры для обеспечения того, чтобы деятельность частного сектора и гражданского общества согласовывалась бы с правом на питание»[60].

Добровольные руководящие принципы ФАО в поддержку постепенного осуществления права на достаточное питание в контексте национальной продовольственной безопасности являются практическим руководством для государств в осуществлении ими права на достаточное питание, что может предполагать обеспечение доступности продуктов питания в необходимом количестве и качестве, удовлетворение диетических потребностей людей, а также обеспечение физической и экономической доступности для населения достаточного количества продуктов питания, не содержащих опасных веществ и приемлемых в рамках определенной культуры; или средств для их приобретения. Руководящие принципы призывают государства принимать меры для обеспечения того, чтобы все продукты питания, будь то местного производства или импортируемые, свободно доступные или продаваемые на рынках, были безопасными и соответствовали национальным стандартам безопасности пищевых продуктов. Они также рекомендуют государствам создать комплексные и рациональные системы контроля пищевых продуктов, которые снижают риск болезней пищевого происхождения с использованием анализа рисков и механизмов контроля для обеспечения безопасности пищевых продуктов на всех этапах пищевой цепи, включая корма для животных.

Несмотря на то, что Добровольные руководящие принципы ФАО рассчитаны на государства, предприятия также играют важную роль. Инвестиции в сельское хозяйство выросли после повышения цен на продовольствие в 2008 году, особенно в связи с растущим спросом на продовольствие. По оценкам, производство продовольствия в мире к 2050 году должно вырасти на 60%, чтобы удовлетворить прогнозируемый спрос на продукты питания. И хотя такие инвестиции подразумевают расширение производства, снижение уровня бедности и стимулирование экономического развития, они могут также подорвать доступ к продовольствию. Одно из наиболее очевидных неблагоприятных воздействий может быть связано с приобретением больших участков земли и постепенным переселением сообществ или ограничением их доступности (FAO, 2010).

Меры по снижению рисков

- В максимально возможной степени **учитывать влияние деятельности предприятия** на доступность и наличие продовольствия, местную занятость, предпочтения в питании и стабильность поставок продовольствия, в том числе с привлечением местных органов власти и других соответствующих заинтересованных сторон.

- В соответствующих случаях **выявлять связанные с продовольствие проблемы** различных заинтересованных сторон и оценивать стратегии достижения инвестиционных целей с учетом связанных с продовольствие проблем различных заинтересованных сторон посредством проведения консультаций с соответствующими заинтересованными сторонами.

- В максимально возможной степени **скорректировать структуру проекта** с учетом обеспокоенности по поводу негативного воздействия на продовольственную безопасность и питание, например, путем: рассмотрения возможных альтернативных инвестиций, если предлагаемые инвестиции приводят к физическому и/или экономическому перемещению местных сообществ; восстановления деградированных земель или выбора земель, которые ранее не использовались для сельского хозяйства, но не являются экологически чувствительными; или повышения производительности сельского хозяйства за счет устойчивой интенсификации в целях содействия продовольственной безопасности и питания.

- В максимально возможной степени **рассмотреть возможность внесения вклада** в повышение доступности продуктов питания, улучшение устойчивости и питания[61] местного населения путем: увеличения производства безопасных, питательных и разнообразных продуктов питания и повышения пищевой ценности продуктов питания и сельскохозяйственных продуктов; упрощения доступа к ресурсам, технологиям и рынкам; создания рабочих мест на предприятиях конечных звеньев производственно-сбытовой цепи; или создания общественных хранилищ для снижения потерь после сбора урожая и волатильности цен[62].

6. Право владения и пользования природными ресурсами, а также право на доступ к природным ресурсам

Риски

Риск, связанный с правом пользования землей, возникающий по причине существования нескольких встречных претензий на пользование землей, представляет собой статистически значимый риск при инвестициях в концессионные проекты в странах с развивающейся экономикой (проект «Munden», 2013). И действительно, установлено, что среди 39 крупнейших инвестиций в агробизнес, которые были проанализированы Всемирным банком и ЮНКТАД, наиболее распространенной причиной жалоб со стороны затрагиваемых сообществ является право землепользования, особенно в связи со спорами о правах на земельные участки, на которые у сообществ были неформальные права землепользования, а также в связи отсутствием прозрачности, особенно в части условий и процесса приобретения земельных участков (ВБ, 2014). В 2013 году половина писем с жалобами, поступивших в адрес МФК и Советника по контролю за соблюдением уставных требований МИГА[63], касалась вопросов о земле. Кроме того, с 2000 года почти четверть всех дел, рассмотренных Советником по контролю за соблюдением уставных требований МИГА, включали земельный и водный компоненты. Усиление давления на эти ресурсы вызывает обеспокоенность по поводу их доступности, количества и управления, земля и вода часто переплетены с чувством принадлежности к культуре и самобытности. Большая часть связанных с правом на землю жалоб, которые рассматривались Советником по контролю за соблюдением уставных требований МИГА, касались вопросов приобретения земли (22%), компенсации (33%) и переселения (32%) (CAO, 2013).

По численности жалоб от организаций гражданского общества на отсутствие должного учета права доступа к земле и воде пищевая промышленность и производство напитков уступают только добывающей промышленности (ЕС, 2011) [64]. Земля не должна восприниматься исключительно как производительный актив. Также необходимо учитывать ее экологическую и социокультурную роль; земля может являться источником различных экосистемных услуг, в том числе источником питьевой и поливной воды, а также формой социальной защиты и страхования по старости для фермеров. Земля также может играть важную роль в социальной, культурной или религиозной практике коренных народов и местных сообществ.

Несмотря на то, что основная ответственность по защите прав землепользования возлагается на государства, предприятия должны понимать, что нормативное правовое регулирование не всегда является достаточным. И действительно, в развивающихся странах около 70% вещных прав на земельные участки официально не зарегистрированы (ООН-Хабитат, 2015; McDermott и др., 2015). Таким образом, предприятиям необходимо заранее позаботиться о соблюдении законных прав владения и пользования. В частности, необходимо учитывать следующие риски:

- Риски возникают в том случае, когда национальное законодательство не отражает весь спектр законных прав владения и пользования или когда такое законодательство эффективно не реализуется. Так, например, системы государственной регистрации прав на землю могут быть несовершенными и не обеспечивать защиту прав землепользователей, в особенности женщин, и не позволять предприятиям получать полную информацию о соответствующих претензиях на землю. Ситуация в области прав пользования земельными участками может являться еще более сложной в случае сезонного использования земельного участка, когда создается впечатление, что земля не используется, например, в случае когда земельный участок был заброшен внутренними переселенцами или когда он используется для выпаса животных, кормопроизводства или переложного земледелия. В таких случаях предприятия могут исключить из участия в консультациях определенных правообладателей (являющихся таковыми в силу закона или по обычаю, первичные или вторичные, формальные или неформальные группы или о лица), на которых деятельность предприятия может оказать отрицательное воздействие (ОЭСР, 2011).

- Риски могут возрастать в тех случаях, когда в государстве отсутствуют четкие и прозрачные правила проведения консультаций между предприятиями и заинтересованными сторонами или защитные положения по защите существующих прав владения и пользования от рисков, возникающих в результате крупных сделок в области прав владения и пользования. В частности, предприятия могут подвергаться риску в случае, когда национальные правила не исполняются или не могут: (i) обеспечить соответствующий процесс добросовестного и адекватного с точки зрения культуры взаимодействия с правообладателями и (ii) определить механизмы, в соответствии с которыми земля и другие природные ресурсы будут отчуждаться и использоваться, в том числе посредством использования механизма независимых и коллективных оценок воздействия до и после начала деятельности, и/или механизмов получения возмещения (UN, 2009). Необеспечение широкого участия в консультациях по вопросам приобретения земельных участков может создавать напряженность и даже конфликты между предприятиями и сообществами, которые могут чувствовать свою исключенность из процесса и оспаривать права предприятий (FAO, 2013).

- И хотя государства несут основную ответственность за незамедлительную выплату адекватной и эффективной компенсации бывшим законным правообладателям в случае экспроприации земли, предприятия отвечают за то, чтобы их деятельность не приводила к переселению местного населения без проведения содержательных консультаций или их принудительному выселению без выплаты надлежащей компенсации. В соответствии с Добровольными руководящими принципами ответственного регулирования вопросов владения и пользования земельными, рыбными и лесными ресурсами в контексте национальной продовольственной безопасности государствам следует прибегать к экспроприации только в тех случаях, когда права на землю необходимы для общественных нужд с четким описанием понятия «общественные нужды» в законодательстве в целях обеспечения возможности проведения судебного анализа. Однако во многих развивающихся странах нечеткое и/или широкое определение понятия «общественные нужды», отсутствие планов землепользования, высокая степень коррупции в сфере землеустройства и спекуляция земельными участками являются причиной незаконной экспроприации. Такая экспроприация может ускорить потерю местным населением источников средств к существованию или ограничить доступ к земельным и другим основным природным ресурсам, что является причиной лишения источников питания, социальной поляризации, усугубления нищеты или политической нестабильности[65]. Таким образом, такая ситуация может затруднить доступ к достаточному питанию. Такая экспроприация может также нарушать права коренных народов, изложенные в Декларации ООН о правах коренных народов. Связь предприятия с экспроприацией, при проведении которой государство не проводило соответствующие консультации с местным населением или не получило свободного, предварительного и осознанного согласие коренных народов, а также не выплатило надлежащую компенсацию, может отрицательно сказаться на его репутации и деятельности. Это может стать причиной напряженности и конфликтов между предприятиями и сообществами, которые чувствуют свою исключенность из процесса или испытывают несправедливое отношение к себе (FAO, 2013). В таких случаях предприятиям следует рассмотреть варианты по приостановлению своей планируемой деятельности.

Уровень рисков, связанных с правом владения и пользования, зависит от типа инвестиций. В случае капиталовложений в новые предприятия, следует провести тщательную комплексную оценку на предмет выявления случаев проведения экспроприации в личных целях без незамедлительной выплаты сообществам справедливой компенсации. В случае капиталовложений в существующие предприятия, совместные предприятия, слияния и поглощения предыдущие субъекты хозяйствования могли получить права владения и пользования, и поэтому земельные споры могут перейти по наследству. Следовательно, комплексная экспертиза должна гарантировать, что приобретение таких прав прошло с соблюдением изложенных в настоящем Руководстве норм и стандартов, в частности, с учетом того, что Добровольные руководящие принципы ответственного регулирования вопросов владения и пользования земельными, рыбными и лесными ресурсами в контексте национальной продовольственной безопасности были утверждены лишь только в 2012 году. Капиталовложения в существующие проекты подразумевают, что предприятия проведут проверку законности приобретения прав владения и пользования землей, и в случае обратного, выработают механизмы предоставления компенсации затронутым заинтересованным сторонам и возобновления взаимодействия с местным населением с целью нахождения новых моделей установления партнерских взаимоотношений.

Меры по снижению рисков

- **Определение правообладателей**, к числу которых относятся не только обладатели официально признанных прав владения и пользования, но также обладатели прав общего, частного, общинного, коллективного пользования, прав коренных народов, которые не могли быть официально зарегистрированы и установлены, в том числе прав женщина на владение и пользование, а также других соответствующих заинтересованных сторон, в том числе посредством проведения открытых консультаций с местным населением[66].

- **Создать комитет**, состоящий из представителей соответствующих заинтересованных сторон, для консультирования по вопросам оценки воздействия, особенно на начальных этапах (скрининг и определение масштабности) и планов управления, мониторинга и реагирования в особых ситуациях. Особое внимание следует уделять обеспечению соответствующей представленности коренных народов, местного населения и маргинальных групп[67].

- Рассмотреть целесообразность альтернативных капиталовложений в случае, когда предлагаемые инвестиции приводят **к физическому перемещению и/или экономическому вытеснению местного населения**, признавая, что государствам следует прибегать к экспроприации только в тех случаях, когда права на земельные, рыбные и лесные ресурсы требуется использовать для общественных нужд при четком определении в законодательстве понятия «общественные нужды»[68].

- В тех случаях, когда деятельность предприятия оказывает негативное воздействие на обладателей прав владения и пользования, работать с государством для обеспечения оперативной выплаты правообладателям справедливой и достойной **компенсации** за те права владения и пользования, которые негативно были затронуты деятельностью предприятия, посредством:

  - проведения добросовестных, эффективных и содержательных консультаций по вопросам предложенной компенсации и обеспечения последовательного и прозрачного применения стандартов в области предоставления компенсации

  - предпочтения компенсации в форме права на пользование альтернативными площадями, которые по качеству, размеру и стоимости соразмерны экспроприированным, и иной компенсации полной стоимости утраченных активов — в том числе активов, отличных от земельных участков (сельскохозяйственные культуры, водные ресурсы, ирригационная инфраструктура и улучшение почвенного состава) - и иных видов помощи, чтобы помочь им улучшить или восстановить свой уровень жизни или источники средств к существованию

  - контроля за выполнением соглашения о компенсации[69]

- В тех случаях, когда возможности государства ограничены, играть активную роль в планировании, реализации и мониторинге переселения[70].

7. Здоровье и благополучие животных

Риски

В сельскохозяйственных производственно-сбытовых цепочках могут возникать значительные риски для здоровья и благополучия животных. Они могут быть связаны с ограниченным пространством в отдельных стойлах, ограничивающих свободу перемещения животных, высокой плотностью посадки животных в группах, что увеличивает вероятность передачи болезней и получения травм при контакте с другими особями, содержанием в неплодородных/неизменных условиях, что может приводить к возникновению различных поведенческих патологий, недоеданием, травматичными и болезненными животноводческими процедурами и разведением по производственным признакам, усиливающим анатомические или метаболические нарушения. Недостаточный вклад со стороны знающих и квалифицированных животноводов может увеличивать эти риски (IFC, 2014).

Повышение благополучия животных может иметь экономический смысл. Болезни угрожают как благополучию животных, так и устойчивости бизнеса. По оценкам МЭБ, во всем мире заболеваемость и гибель животных от болезней является причиной потери не менее 20% продукции животноводства, что составляет не менее 60 млн. тонн мяса и 150 млн. тонн молока на общую сумму в 300 млрд. долларов США в год. Кроме того, финансовое благополучие во многих странах мира привело к увеличению запросов потребителей и росту их ожиданий от стандартов производства продуктов питания. Опросы, проведенные в Европе и Северной Америке, показали, что большинство потребителей обеспокоены вопросом благополучия животных и заявляют о готовности платить намного больше за продукты животного происхождения, которые, по их мнению, получены от сельскохозяйственных животных, выращенных в гуманных условиях (IFC, 2014).

Вопрос благополучия животных довольно скудно освящается в международных стандартах и принципах. Самые всесторонние руководящие принципы разработаны Всемирной организацией здравоохранения животных (МЭБ). В 2008 году государства-члены МЭБ дали определение понятию «благополучие животных», чтобы на международном уровне уточнить, что входит в это понятие[71]. Благополучию животных может быть причинен ущерб в хозяйствах любого размера с плохими условиями и/или несовершенными методами управления (RSPCA, 2014).

Девять стандартов МЭБ посвящены конкретным проблемам благополучия животных, в том числе вопросам транспортировки и убоя животных, систем производства крупного рогатого скота и птицы, контроля популяций бездомных собак и использования животных в научных исследованиях. Эти стандарты основаны на научных данных, а базовые принципы благополучия животных называются «пятью свободами»: свобода от голода, жажды и неполноценного питания; свобода от страха и стресса; свобода от физического и температурного дискомфорта; свобода от боли, травм или болезни; и свобода естественного поведения[72]. Министерство окружающей среды, сельского хозяйства и продовольствия Великобритании (МОСХП) представляет собой пример передовой практики по внедрению этих пяти свобод. Как подчеркивается в предисловии к своду рекомендаций МОСХП по обеспечению благополучия скота, предприятия, осуществляющие деятельность в области животноводства, должны иметь: бережное и ответственное планирование и управление; опытных, квалифицированных, и добросовестных животноводов; соответствующее проектирование с учетом экологических требований; гуманное обращение, транспортировку и убой животных (МОСПСХ, 2003).

Помимо стандартов МЭБ, Европейский Союз (ЕС) принял свод законов о благополучии животных, а в статья 13 Договора о функционировании Европейского Союза признает, что животные являются «разумными существами»[73]. Несмотря на то, что большая часть правил ЕС о благополучии животных распространяется только на производителей в государствах-членах ЕС, третьи страны, желающие экспортировать мясо в ЕС, обязаны принять стандарты, эквивалентные стандартам ЕС по обеспечению благополучия животных в процессе убоя. Кроме того, ЕС работает над сближением мировых стандартов по благополучию животных через международные торговые соглашения. Частные предприятия, правительства и организации гражданского общества разработали дополнительные стандарты и схемы сертификации в сфере благополучия животных[74].

Меры по снижению рисков

- Провести оценку существующих и потенциальных воздействий на благополучие животных с использованием принципа **«пяти свобод»**.

- Обеспечить, что **условия содержания** подходят для комфортного отдыха, безопасного и комфортного передвижение, в том числе обычного изменения положения тела, а также мотивированных видов поведения животных.

- Обеспечить животным **доступ к достаточному количеству корма и воды**, соответствующему их возрасту и потребностям, для поддержания нормального здоровья и продуктивности, а также для предотвращения длительного голодания, жажды, недоедания или обезвоживания.

- В тех случаях, когда **болезненных процедур** избежать невозможно, использовать доступные методы для максимальной минимизации возникающей боли.

- Следить за тем, чтобы **обращение с животными** способствовало установлению положительных отношений между людьми и животными и не причиняло травм, паники, длительного страха или стресса.

- Использовать **породы домашнего скота**, соответствующие условиям и обстоятельствам, чтобы их можно было вырастить без производственных заболеваний и других внутренних проблем[75]

8. Охрана окружающей среды и устойчивое использование природных ресурсов

Риски

Сельскохозяйственная деятельность может осуществляться с использованием экологически безопасных методов, способствующих улучшению экосистемных услуг, в частности, с помощью использования методов управления земельными ресурсами, сохранения плодородия и влаги в почве, защиты водосборных бассейнов, восстановления растительного покрова и среды обитания, и сохранения биоразнообразия. Однако инвестиции, вкладываемые в сельское хозяйство в целях увеличения объемов сельскохозяйственного производства в краткосрочной перспективе, могут также вести к долгосрочной деградации экосистем, в том числе деградации почв, истощению водных ресурсов и утрате девственных лесов и биоразнообразия. Согласно оценкам, 55-80% глобальных потерь лесного покрова связаны с переводом земельных участков в земли сельскохозяйственного назначения (UNEP, 2015). Среди 39 инвестиционных проектов, которые были проанализированы Всемирным банком и ЮНКТАД, наиболее часто встречающиеся проблемы были связаны с использованием агрохимических средств, например, загрязнение воды, перенос химических веществ и распыление с воздуха. Кроме того, сельскохозяйственная деятельность может вызывать внешние воздействия, в том числе выбросы парниковых газов, влияние на водосборные бассейны или обезлесение, происходящее далеко от места осуществления деятельности, но непосредственно связанное с ними (FAO, 2010).

Неблагоприятные воздействия на окружающую среду могут быть связаны с непроведением соответствующей оценки воздействия на окружающую среду до начала реализации инвестиционного мероприятия и отсутствием эффективной системы экологического управления в процессе его реализации (FAO, 2011). Крупные инвестиционные мероприятия зачастую критиковали за низкое качество, недостаточную полноту и доступность таких оценок (FAO, 2010). Риски возрастают в случае недостаточности научных данных для проведения полноценной оценки неблагоприятных воздействий. Риски предприятий также быстро эволюционируют по мере развития международных стандартов по эффективному использованию и вторичной переработке ресурсов, сокращению выбросов, замене или сокращению использования токсичных веществ и сохранению биоразнообразия (ОЭСР, 2011; МФК, 2012).

Меры по снижению рисков

- Создать и обеспечить функционирование **системы экологического менеджмента**, соответствующей специфике предприятия, в том числе путем: сбора и проведения оценки соответствующей и своевременной информации о воздействии деятельности предприятия на окружающую среду, здоровье и безопасность; постановки измеримых целей и, в соответствующих случаях, целей по улучшению экологических показателей и использованию ресурсов, в том числе путем разработки комплексного плана управления вредными организмами и/или удобрениями[76]; а также регулярного мониторинга и проверки прогресса в достижении целей или задач в области окружающей среды, здоровья и безопасности[77].

- Создать порядок **контроля** и измерения эффективности системы экологического менеджмента. В тех случаях, когда государство или третья сторона несут ответственность за управление конкретными экологическими рисками и воздействиями и соответствующими мерами по их минимизации, сотрудничать в процессе разработки и контроля за такими мерами по их смягчению. В соответствующих случаях рассмотреть возможность привлечения представителей затронутых сообществ к участию в мероприятиях по контролю[78].

- **Устранить** предсказуемые воздействия на окружающую среду, здоровье и безопасность, связанные с деятельностью, процессами, товарами и услугами предприятия на протяжении их полного жизненного цикла с целью их предотвращения или в случае, когда предотвращение невозможно, их смягчения. В тех случаях, когда предлагаемая деятельность может оказывать значительное воздействие на окружающую среду, здоровье или безопасность и когда решение по ней принимается компетентным органом, подготовить и организовать проведение соответствующей оценки воздействия на окружающую среду[79].

- В случае существования риска причинения вреда окружающей среде, не использовать факт **отсутствия полных научных данных** в качестве причины для несвоевременного принятия экономически эффективных мер по предотвращению или минимизации такого ущерба в соответствии с научным и техническим пониманием рисков, с учетом рисков для здоровья и безопасности человека[80].

- Обеспечить наличие **плана действий в особых ситуациях** в целях предотвращения, минимизации и контроля причинения серьезного ущерба окружающей среде и здоровью в результате деятельности предприятия, в том числе аварийных и чрезвычайных ситуаций, и в соответствующих случаях оказывать помощь и сотрудничать с затронутыми сообществами, органами местного самоуправления и другими соответствующими сторонами в подготовке к эффективному реагированию на чрезвычайные ситуации, в том числе путем создания механизмов немедленного информирования компетентных органов[81].

- С учетом обеспокоенности вопросами стоимости, конфиденциальности бизнеса и защиты прав интеллектуальной собственности, своевременно и соответствующим образом **информировать** общественность и работников о потенциальных воздействиях, оказываемых деятельностью предприятия на окружающую среду, здоровье и безопасность, а также своевременно общаться и консультироваться с сообществами, непосредственно затронутыми политикой предприятия в области окружающей среды, здоровья и безопасности и ее исполнением[82].

- Стремиться избегать негативных воздействий и способствовать сохранению **биоразнообразия, генетических ресурсов и экосистемных услуг**, и в случае неизбежности предотвращения таких воздействий, предпринимать меры для минимизации воздействий и восстановления биоразнообразия и экосистемных услуг с помощью адаптивного управления[83].

- Выбирать наиболее подходящую систему производства, совместно с правительством, в соответствующих случаях, для повышения эффективности использования ресурсов при сохранении в будущем наличия имеющихся ресурсов[84]. Это означает, в частности, стремление:

  - Улучшить систему **водосбережения**, повысить эффективность очистки сточных вод и водопользования, а также инвестировать и использовать технологии для достижения этой цели[85].

  - Улучшить управление **средствами сельскохозяйственного производства и контроля** для повышения эффективности производства и сведения к минимуму угроз для окружающей среды и здоровью растений, животных и человека[86].

– Сократить **отходы и потери** производства и послеуборочных операций для повышения эффективности использования отходов и/или побочных продуктов[87].

– Внедрять технически и финансово целесообразные, а также экономически эффективные меры для повышения эффективности **потребления энергии**[88].

– При необходимости принять меры для сокращения и/или устранения **выбросов парниковых газов**[89].

9. Управление

9.1 Коррупция

Риски

В тех случаях, когда в государстве отсутствуют ясные и исполняемые законы о прозрачности и противодействии коррупции, предприятие имеет высокие риски, связанные с управлением (OECD, 2006). Государственные органы, осуществляющие земельный надзор, относятся к числу государственных структур, которые в наибольшей степени подвержены риску взяточничества на уровне оказания услуг, более высокий уровень взяточничества характерен только для полиции и судебных органов (TI, 2011). Возможно предприятиям придется предлагать неправомерные выгоды для того, чтобы заполучить большие земельные участки в ущерб местному населению, обладающему обычными правами на землю. Коррупция также может влиять на распределение субсидируемых государством кредитов, при этом государственные чиновники получают неправомерное вознаграждение при выдаче кредитов. Коррупция также может вызывать рост цен на сельскохозяйственные ресурсы, поскольку компании, занимающиеся продажей сельскохозяйственных ресурсов, могут продавать свою продукцию государственным органам по завышенным ценам, чтобы государственные чиновники могли получить свою долю в прибыли.

Подозрения в коррупции либо снижают выгоды от инвестирования в сельское хозяйство, либо препятствуют его осуществлению за счет повышения стоимости доступа к ресурсам, минимизации синергизма между настоящим и будущим инфраструктурным развитием и увеличивая вероятность возникновения конфликтов (FAO, 2010). Они могут подорвать доверие местного населения к предприятию, которое необходимо для развития позитивных отношений в долгосрочной перспективе.

Меры по снижению рисков

• Не стремиться и не принимать послабления, которые не предусмотрены в соответствии с законодательном или нормативной правовой базой, связанные с правами человека, окружающей средой, здоровьем, безопасностью, трудом, налогообложением или другими вопросами.

• Прямо или косвенно (через третьих лиц) не давать, предлагать, обещать или требовать дачи взятки или иного неправомерного преимущества государственному должностному лицу, работникам деловых партнеров или их родственникам, или деловым компаньонам с целью получения или сохранения делового или любого иного неправомерного преимущества.

- Разработать и принять соответствующие программы внутреннего контроля, антикоррупционных этических норм и обеспечения соблюдения антикоррупционных требований, а также меры по предупреждению и выявлению взяточничества.

- Запрещать или препятствовать в соответствии с системой внутреннего контроля компании, программ антикоррупционных этических норм и обеспечения соблюдения антикоррупционных требований и мерами выплате небольших вознаграждений за упрощение формальностей, которые, как правило, незаконны в странах, где они осуществляются, и, если и в тех случаях, когда такие вознаграждения выплачиваются, вести их учет в бухгалтерских книгах и финансовой отчетности.

- Обеспечить проведение комплексной оценки с подготовкой необходимой документации при найме агентов, обеспечить осуществление соответствующего и регулярного надзора за ними, а также гарантировать выплату им соответствующего вознаграждения исключительно за предоставление законных услуг.

- Воздерживаться от любого неправомерного участия в местной политической деятельности[90].

- Объективно использовать оценочную стоимость, прозрачные и децентрализованные процессы и услуги, а также право на обжалование для предупреждения коррупции в отношении прав владения и пользования, в частности обычных прав на землю коренных народов и местного населения[91].

- Сотрудничать в деятельности правительств по осуществлению **Конвенции ОЭСР** по борьбе с подкупом иностранных должностных лиц при осуществлении международных коммерческих сделок (Конвенция ОЭСР о борьбе с дачей взяток)[92].

9.2 Налогообложение

Риски

Предприятия могут вносить свой вклад в экономическое развитие принимающих государств, своевременно исполняя свои налоговые обязательства. Управление налогообложением и соблюдение установленных требований в рамках организации систем управления рисками могут способствовать полному выявлению и оценке финансовых, нормативных и репутационных рисков, связанных с налогообложением (ОЭСР, 2011). Как показали недавние кампании с участием крупных предприятий, уклонение от уплаты налогов может повышать репутационный риск.

Меры по снижению рисков

- **Своевременно передавать** властям **информацию**, которая необходима или требуется в соответствии с законом для целей правильного определения налогов, подлежащих уплате в связи с деятельностью.

- Гарантировать соответствие практики **установления трансфертных цен** принципу «вытянутой руки».

- Принять **стратегии управления рисками**, чтобы гарантировать полное выявление и оценку финансовых, регуляторных и репутационных рисков, связанных с налогообложением[93].

9.3 Конкуренция

Риски

Антиконкурентная практика может оказывать отрицательное влияние не только на потребителей, но и ослаблять переговорную позицию мелких собственников, если чрезмерная власть покупателей не контролируется, тем самым сказываясь на продовольственной безопасности и питании (UN, 2009). Аналогичным образом демпинг со стороны крупных предприятий, продающих товары на конкурентном рынке себе в убыток, может вытеснить конкурентов с рынка, в том числе малые и средние предприятия. В странах, где законы и нормативные акты о конкуренции недостаточно развиты или не исполняются, предприятия рискуют нарушить стандарты конкуренции, если они не проявляют повышенную управленческую осторожность, воздерживаясь от практики, которая представляет собой ненадлежащее использование полномочий покупателя, таких, как ретроспективное понижение цен без обоснованного уведомления или необоснованные платежи, налагаемые на поставщиков в связи с претензиями потребителей (OECD, 2006).

Меры по снижению рисков

- Воздерживаться от заключения или исполнения **соглашений, которые ограничивают конкуренцию** между конкурентами.

- **Сотрудничать с занимающимися вопросами конкуренции следственными органами**, в том числе, в соответствии с действующим законодательством и соответствующими защитными положениями, посредством максимально быстрых и полных ответов на запросы о предоставлении информации и рассмотрения возможности использования доступных инструментов, таких, как, в соответствующих случаях, раскрытие конфиденциальной информации, содействие эффективному и результативному сотрудничеству следственных органов[94].

10. Технологии и инновации

Риски

Продвижение и обмен технологиями может способствовать созданию среды, способствующей соблюдению прав человека и усиливающей защиту окружающей среды. Тем не менее, эмпирические исследования показывают, что фактическая передача технологий в секторе сельского хозяйства редко достигает уровня, заявленного предприятиями (UNCTAD, 2009).

Что касается генетического материала и традиционных знаний коренных народов, местных сообществ и фермерских хозяйств, то у государств-участников Конвенции о биологическом разнообразии, Международного договора о генетических ресурсах растений для производства продовольствия и ведения сельского хозяйства и Нагойского протокола регулирования доступа к генетическим ресурсам и совместного использования на справедливой и равной основе выгод от их применения к Конвенции о биологическом разнообразии есть особые международные обязательства, связанные с доступом к генетическим ресурсам и связанными с ними традиционными знаниями. Предприятия могут сотрудничать с правительствами, оказывая им поддержку в процессе исполнения ими своих международных обязательств или, по крайней мере, не подрывая их с учетом соответствующих законов в области защиты прав интеллектуальной собственности.

Меры по снижению рисков

- Стремиться к тому, чтобы деятельность согласовывалась с научно-технической политикой и планами **принимающих государств** и, в соответствующих случаях, способствовала развитию местного и национального инновационного потенциала.

- Принимать, когда это возможно, в ходе деятельности, практики, позволяющие **передавать и быстро распространять** адаптированные к местным условиям инновационные технологии, ноу-хау и практики с должным учетом защиты прав интеллектуальной собственности[95].

- В соответствии с национальным законодательством и в соответствии с применимыми международными соглашениями соблюдать **право фермерских хозяйств** на сохранение, использование, обмен и продажу генетических ресурсов, в том числе семена, и признавать интересы селекционеров[96].

- Когда это уместно, проводить научно-техническую работу в развивающихся странах, направленную на удовлетворение потребностей **местного рынка**, нанимать местный персонал и способствовать его обучению с учетом коммерческих потребностей.

- При выдаче лицензий на использование **прав интеллектуальной собственности** или при иных формах передачи технологий осуществлять такие действия на разумных условиях и таким образом, чтобы это способствовало долгосрочному устойчивому развитию принимающего государства.

- Когда это соответствует коммерческим целям, развивать связи с **местными университетами**, государственными исследовательскими институтами и участвовать в совместных исследовательских проектах с местной промышленностью или отраслевыми ассоциациями[97].

Приложение А Сноски

1. Руководящие принципы ОЭСР, III.1-3, VIII.2; КПБ-ОСИ, Принцип 9.ii; ДРПЗП, 12.3; Руководящие принципы Агуэй-гу, 10-11; Стандарт деятельности МФК 1, 29; Принципы ООН по ответственным контрактам, прилагаемые к Руководящим принципам ООН и одобренные Советом ООН по правам человека, принцип 10 Также может способствовать реализации Орхусской конвенции, статья 5.6. Информация о «характеристиках продукции» должна содержать информацию, достаточную для того, чтобы потребители могли принимать обоснованные решения, включая информацию о ценах и, в случае необходимости, составе, безопасном использовании, особенностях среды, техническом обслуживании, хранении и утилизации продукции (Руководящие принципы МНК, VIII.2).

2. Руководящие принципы Агуэй-гу, 10-11.

3. Орхусская конвенция, Статья 5.1.с.

4. Руководящие принципы ОЭСР, III.1.

5. Стандарт деятельности МФК 1, пункт 27.

6. Стандарт деятельности МФК 7, пункты 13-17; Руководящие принципы Агуэй-гу, 29, 52-53, 60; ДРП РВ, 3В.6, 9.9; КПБ ОСИ Принцип 9.iii; Декларация ООН о правах коренных народов, Статья 10. Согласно Стандарту деятельности МФК 1, пункт 33, 33, «когда взаимодействие с заинтересованными сторонами, в первую очередь, является обязанностью правительства, предприятиям необходимо взаимодействовать с ответственным государственным органом, в пределах, допустимых таких органом. В тех случаях, когда возможности государства ограничены, играть активную роль в планировании, реализации и мониторинге взаимодействия с заинтересованными сторонами, В тех случаях, когда процесс, реализуемый правительством, не отвечает соответствующим требованиям к обеспечению содержательного взаимодействия, они должны реализовать дополнительный процесс и, в случае необходимости, определить дополнительные действия.

7. ДРП РВ, 3В.6; Стандарт деятельности МФК 1, 30.

8. ДРП РВ, 9.9 и 4.10; Руководящие принципы Агуэй-гу, 14-17; Принципы ПОИСХ 1 и 4; Стандарт деятельности МФК 1, 26-27 и 30.

9. Руководящие принципы Агуэй-гу, 17; Стандарт деятельности МФК 1, 30-31.

10. Руководящие принципы Агуэй-гу, 7-8; Стандарт деятельности МФК 1, 27.

11. Руководящие принципы ОЭСР, VI.3 и VI.67.

12. Могут использоваться такие инструменты, как оценка высокой природоохранной ценности и запасов углерода. Дополнительную информацию о потенциальных неблагоприятных воздействиях на окружающую среду можно найти в подразделе 8 «Охрана окружающей среды и устойчивое использование природных ресурсов».

13. КПБ ОСИ Принцип 10; Руководящие принципы Агуэй-гу, 6, 37 и 48.

14. КПБ ОСИ Принцип 10.i; Руководящие принципы Агуэй-гу, 14.

15. Стандарт деятельности МФК 1, пункты 8 и 10.

16. КБР Статьи 8(j) и 10, международный договор о генетических ресурсах растений Статья 9.2; Нагойский протокол Статья 5; Конвенция МОТ № 169, Статья 15.

17. Примерный перечень можно найти в приложении к Нагойскому протоколу.

18. Руководящие принципы Агуэй-гу, 46.

19. КПБ ОСИ Принципы 1.iii и 2, iv-vii; ПОИСХ Принцип 6; Декларация МНК, пункт 20; Руководящие принципы Агуэй-гу, 46; Стандарт деятельности МФК 7, пункты 18-20.

20. Декларация МНК, пункт 10, ПОИСХ Принцип 5.

21. ПОИСХ Принцип 6; Руководящие принципы Агуэй-гу, 46; Стандарт деятельности МФК 7, пункты 18-20.

22. Стандарт деятельности МФК 1, пункт 35.

23. Руководящие принципы ООН, Принцип 31, комментарий.

24. Руководящие принципы ОЭСР, IV.46.

25. Руководящие принципы ОЭСР, IV.1-3.

26. Руководящие принципы ОЭСР, IV.37.

27. Руководящие принципы Агуэй-гу 13; Стандарт деятельности МФК 7, пункт8.

28. Для получения дополнительной информации смотрите выше раздел об оценке воздействий.

29. Руководящие принципы ОЭСР, II.2 и IV.5 и 45.

30. КПБ ОСИ Принципы 3 и 4.

31. КПБ ОСИ Принцип 3; Конвенцией о ликвидации всех форм дискриминации в отношении женщин (CEDAW).

32. КПБ ОСИ Принцип 3.iii.

33. Конвенцией о свободе ассоциаций и защиты права на организацию, 1948 (№ 87); Конвенцией о применении принципов права на организацию и на ведение коллективных переговоров, 1949 (№ 98); Конвенция о принудительном труде 1930 года (№ 29); Конвенция об отмене принудительного труда 1957 года (№ 105); Конвенция о минимальном возрасте, 1973 год (№ 138); Конвенция 1999 года о наихудших формах детского труда (№ 182); Конвенция о равном вознаграждении 1951 года (№ 100); Конвенция о дискриминации в области труда и занятий 1958 года (№ 111).

34. Кроме того, право вступать и создавать профессиональные союзы защищено Европейской конвенцией о правах человека (статья 11). Право вступать в профсоюзы защищено правом на свободу объединений, содержащимся в Американской конвенции о правах человека (статья 16) и Африканской хартии прав человека и народов (статья 10).

35. КПБ ОСИ Принцип 2 касается трудовых прав.

36. Декларация МНК 21; Руководящие принципы ОЭСР, V.1.e. В Комментарии 54 Руководящих принципов ОЭСР говорится о том, что термин «другой статус» для целей Руководящих принципов относится к деятельности профессиональных союзов и личным характеристикам, таким как возраст, инвалидность, беременность, семейное положение, сексуальная ориентация или ВИЧ-статус.

Следует отметить, что Конвенция о правах инвалидов (КПИ) запрещает дискриминацию при приеме на работу по признаку инвалидности.

37. Декларация МНК 36; Руководящие принципы ОЭСР, V.1.c; Принцип «Права детей и бизнес» 2. Принципы «Права детей и бизнес» не создают новых международно-правовых обязательств. Они основаны на правах, изложенных в Конвенции о правах ребенка и факультативных протоколах к ней. Конвенция является наиболее широко ратифицированным договором о правах человека: 193 государства подписали и ратифицировали Конвенцию. Данные Принципы также основаны на Конвенции МОТ № 182 о наихудших формах детского труда и № 138 о минимальном возрасте. В них также подробно рассматриваются существующие стандарты для бизнеса, в том числе «десять принципов» Глобального договора ООН и руководящие принципы ООН.

38. Руководящие принципы ОЭСР, V.1.d; Стандарт деятельности МФК 2, пункты 13, 15, 21, 22 и 27.

39. Декларация МНК, 34; Руководящие принципы ОЭСР, V.4.a & b.

40. Декларация МНК, 25.

41. Декларация МНК, 26; Руководящие принципы ОЭСР, V.6.

42. Коммуникации МОТ в рамках Рекомендаци1, 1967 года (№ 129), пункт 2.

43. Системы производственных отношений, в том числе коллективные переговоры на уровне компаний и секторов, могут играть важную роль в предотвращении и рассмотрении жалоб.

44. Стандарт деятельности МФК 2, 14; Декларация МНК, 17, 52-53.

45. Руководящие принципы ОЭСР, II.9, V.1-3, V.6-8; Декларация МНК, 41, 44, 47, 51-56.

46. Руководящие принципы ОЭСР, V.4-5; Декларация МНК, пункт 18.

47. Декларация МНК, 16-18, 30-34.

48. КПБ ОСИ Принципы 3.iii и 4.ii.

49. Декларация МНК, 31.

50. Следующие страны и организации поддержали этот подход: Европейская комиссия, Государственный департамент США, Министерство сельского хозяйства США, Центр по контролю и профилактике заболеваний США (ЦББ), Всемирный банк, Всемирная организация здравоохранения (ВОЗ), ФАО, МЭБ и ООН. Координационная система ООН по гриппу (UNSIC). Для получения дополнительной информации см. *www.onehealthglobal.net.*

51. Замечания общего порядка Комитета по экономическим, социальным и культурным правам не являются обязательными, но являются авторитетным толкованием МПЭСКП.

52. Комитет по экономическим, социальным и культурным правам, Замечание общего порядка № 14 от 2000 года. Хотя МПЭСКП является широко ратифицированным международным документом, в котором государства-участники признают право на наивысший достижимый уровень физического и психического здоровья. Смежные права также содержатся в других документах, включая Конвенцию о правах ребенка (КПР), Конвенцию о ликвидации всех форм расовой дискриминации (КЛРД), Конвенцию о ликвидации всех

формальных требований в отношении женщин. и Конвенция о правах инвалидов (КПИ).

53. Специальные рекомендации по интересам потребителей см. в Руководящих принципах ОЭСР, VIII.

54. Стандарт деятельности МФК 3 определяет «надлежащую международную практику» как «проявление профессионального мастерства, усердия, осторожности и предвидения, которое разумно ожидать от квалифицированных и опытных специалистов, занятых в одном и том же типе предприятий в одних и тех же или аналогичных обстоятельствах во всем мире или на региональном уровне. Результатом такой работы должно стать то, что в проекте используются наиболее подходящие технологии в конкретных условиях проекта».

55. Стандарт деятельности МФК 4.

56. Принцип ПОИСХ 5. Комиссия «Кодекс Алиментариус», созданная ФАО и Всемирной организацией здравоохранения (ВОЗ) в 1963 году, предлагает международные стандарты на пищевые продукты, руководящие принципы и кодексы практик для защиты здоровья потребителей и обеспечения справедливой практики торговли продуктами питания. Комиссия также осуществляет координацию различных продовольственных стандартов, разработанных международными правительственными и неправительственными организациями. Принципы HACCP являются частью Кодекса. Они представляют собой систематический профилактический подход к безопасности пищевых продуктов, а также к биологическим, химическим и физическим опасностям в производственных процессах, которые могут привести к тому, что готовая продукция станет небезопасной. Ими разрабатываются меры измерения для снижения этих рисков до безопасного уровня. К семи Принципам относятся следующие: (1) анализ рисков; (2) определение критических контрольных точек; (3) установление критических пределов; (4) контроль критических контрольных точек; (5) принятие корректирующих мер; (6) проверка; и (7) учет. Система HACCP может использоваться на всех этапах пищевой цепочки, начиная с производства пищевых продуктов и процессов приготовления, включая упаковку и дистрибуцию.

57. Например, к схемам, признанным Глобальной инициативой по безопасности пищевых продуктов, относятся система управления безопасностью пищевых продуктов SSC 22000 и глобальные стандарты ОВБ и Международные рекомендуемые стандарты. Европейское управление по безопасности пищевых продуктов также устанавливает стандарты безопасности пищевых продуктов.

58. Согласно определению Комиссии «Кодекс Алиментариус» 2006 года, прослеживаемость – это возможность проследить движение пищевых продуктов через установленные стадии производства, обработки и распределения. Инструменты прослеживаемости должны обеспечивать прослеживаемость как назад (откуда поступил продукт питания?), так и вперед (куда он был отправлен?) в соответствии с целями проверки и сертификации продуктов питания.

59. Права, связанные с пищевыми продуктами, также защищены другими международными и региональными документами, в том числе Конвенцией о правах ребенка (КПР), Конвенция о ликвидации всех форм дискриминации в отношении женщин (КЛДЖ) и Конвенцией о правах инвалидов (КПИ).

60. Комитет ООН по экономическим, социальным и культурным правам, Замечание общего порядка № 12 (1999), пункты 6, 15 и 27.

61. Дополнительную информацию можно найти в разделе «Access to Nutrition Index» по адресу *www.accesstonutrition.org*.

62. КПБ ОСИ Принципы 1.i и iii, 2.iii и iv, и 8.i; 3.i и iii; ДРП РВ, 12.4; ПОИСХ Принцип 2.

63. Советник по контролю за соблюдением уставных требований МИГА (САО) является независимым механизмом защиты ресурсов МФК и Многостороннего агентства по гарантированию инвестиций (МИГА). Он рассматривает жалобы сообществ, затронутых проектом, с целью улучшения социальных и экологических результатов на местах.

64. И хотя права на владение и пользование землей и другими природными ресурсами не являются правами человека, они могут иметь важные последствия для осуществления различных прав человека и отражены в стандартах ОВБ. Одним из важных исключений является признание за коренными народами права собственности и владения на земли, которые они традиционно занимают, что закреплено в Конвенции МОТ № 169 и не имеющей обязательную силу, но широко цитируемой Декларации ООН о правах коренных народов (см. Приложение B).

65. Принудительное переселение – это физическое перемещение (переселение из или утрата земли) и экономическое перемещение (потеря природных ресурсов или ограниченный доступ к природным ресурсам, что приводит к потере средств к существованию) в результате приобретения земли и/или ограничений на использование природных ресурсов. Переселение считается вынужденным, когда пострадавшие лица не имеют права отказаться от приобретения и/или ограничений на использование природных ресурсов (Стандарт деятельности МФК 5).

66. ДРП РВ, 2.4; ПОИСХ Принцип 1; Руководящие принципы Агуэй-гу 13; Стандарт деятельности МФК 7, пункт 8.

67. Руководящие принципы Агуэй-гу 13.

68. ДРП РВ, 12.4 и 16.1; Стандарт деятельности МФК 5, пункт 8; Конвенция МОТ о коренных народах и народах, ведущих племенной образ жизни, 1989 год (№ 169), Статья 16. Примечание: данные стандарты также содержаться в недавних обязательствах крупных агропродовольственных компаний по захвату.

69. ПОИСХ, 6.2.1; Стандарт деятельности МФК 5, пункты 9-10, 19, 27-28, и Стандарт деятельности МФК 7, пункты 9 и 14.

70. Стандарт деятельности МФК 5, пункт 30. Кроме того, пункт 31 этого стандарта требует от предприятий подготовки дополнительного плана переселения и восстановления источников средств к существованию.

71. Согласно определению МЭБ, признанному более 170 странами, благополучие животных означает то, как животное справляется с условиями, в которых оно живет. Благополучие животных хорошее, если (как показывают научные данные) оно здорово, живет в комфортных условиях, хорошо питается, находится в безопасности, может проявлять присущее ему поведение, и если оно не страдает от неприятных состояний, таких, как боль, страх и страдание. Дополнительную информацию можно найти по адресу *www.defra.gov.uk/fawc*.

72. Принцип «пять свобод» признается во Введении в рекомендации МЭБ по благополучию животных, т.е. в статье 7.1.2. Кодекса здоровья наземных животных. Дополнительную информацию можно найти в разделе «Пять свобод»

Совета по благосостоянию сельскохозяйственных животных по адресу *www.fawc.org.uk/freedoms.htm*.

73. См. *http://eur-lex.europa.eu/legal-content/EN/TXT/?uri=CELEX:12012E/TXT*.

74. К этим стандартам относятся следующие: Замечания к установившейся практике МФК «Защита здоровья животных в животноводстве; программа «Freedom Food» Королевского общества по предотвращению жестокого обращения с животными (RSPCA); Маркировка «Label Rouge»; стандарты «GAP 5-step»; и органические стандарты Ассоциации почв.

75. МЭБ, Кодекс здоровья наземных животных 2015, Статья 7.1.4. Такие меры по снижению риска соответствуют основным критериям Бизнес-ориентира по вопросам благосостояния сельскохозяйственных животных (*www.bbfaw.com*).

76. План борьбы с вредными организмами должен быть направлен на сокращение развития вредных организмов путем сочетания различных методов, таких, как биологический контроль с использованием полезных насекомых или микробов, устойчивых к вредным организмам сортов сельскохозяйственных культур и альтернативных методов ведения сельского хозяйства, таких, как опрыскивание или обрезка.

77. Руководящие принципы ОЭСР, VI.1.

78. Стандарт деятельности МФК 1, пункты 5 и 21-22.

79. Руководящие принципы ОЭСР, VI.2-3.

80. Руководящие принципы ОЭСР, VI.1, 4-5; Стандарт деятельности МФК 1, 5 и 21-22; Глобальный договор ООН, Принципы 7-8; Рамочная конвенция ООН об изменении климата, Статья 3..

81. Руководящие принципы ОЭСР, VI.1, 4, и 5; Стандарт деятельности МФК 1, пункты 5 и 21-22.

82. Руководящие принципы ОЭСР, VI.2-3.

83. Стандарт деятельности МФК 6, пункт 7; КБР Статьи 8 и 9; КПБ ОСИ Принцип 6.ii. Стандарт деятельности МФК 6, пункт 26, также гласит «по мере возможности клиент будет размещать проекты, связанные с осуществлением агробизнеса и лесного хозяйства, на безлесных участках или земле, уже переведенной в такую категорию». Предложения по лесной политике Международной комиссии по изменениям в землепользовании и экосистемам (октябрь 2009), Директива ЕС по возобновляемой энергии № 2009/28/EC (апрель 2009), Правила ЕС по лесоматериалам № 995/2010 (октябрь 2010), и Нью-Йоркская декларация по лесам, принятая на Саммите по климату 2014 года, касаются вопросов изменений в землепользовании.

84. ПОИСХ Принцип 7. Например, плодородие почвы может быть сохранено с помощью соответствующих севооборотов, внесения навоза, управления пастбищами и рациональной механической или консервационной обработки почвы.

85. «Водный мандат первого лица» – частно-государственная инициатива, выдвинутая Генеральным секретарем ООН в 2007 году и направленная на организацию помощи компаниям в развитии, внедрении и публикации политики и правил в области устойчивого водопользования, требует постановки задач, связанных с сохранением воды, очисткой сточных вод и сокращением потребления воды. Однако итоговый документ «Рио + 20» «Будущее, которого

мы хотим», скорее, направлен на повышении эффективности водопользования и снижении потерь воды.

86.   КПБ ОСИ Принцип 8.iii.

87   КПБ ОСИ Принцип 6.iii. Необходимо также проводить оценку пищевых отходов, в том числе путем их измерения. По мере возможности отходы должны быть сведены к минимуму, например, путем передачи технологии третьим сторонам или повышения осведомленности о пищевых отходах и их последствиях. В тех случаях, когда образования отходов невозможно предотвратить, продукты питания, отправляемые на свалку, должны быть сведены к минимуму, например, путем использования их в качестве корма для животных или в соответствующих случаях преобразования в энергию.

88.   Стандарт деятельности МФК 3.6.

89.   КПБ ОСИ Принцип 6.v.

90.   Руководящие принципы ОЭСР, II.A.5 & 15, и VII.

91.   ДРП РВ, 6.9, 8.9, 9.12, 16.6, 17.5.

92.   Дополнительную информацию о том, как государства могут эффективно сдерживать, предотвращать и бороться с подкупом иностранных должностных лиц в связи с международной деятельностью можно найти в Рекомендации Совета ОЭСР по дальнейшим мерам борьбы с подкупом иностранных должностных лиц при заключении международных коммерческих сделок.

www.oecd.org/daf/anti-bribery/44176910.pdf.

93.   Руководящие принципы ОЭСР, XI.1-2.

94.   Руководящие принципы ОЭСР, X.2-3.

95.   Руководящие принципы ОЭСР, IX.1-2 ; КПБ ОСИ Принцип 7.iv.

96.   КПБ ОСИ Принцип 7.ii; Международный договор о генетических ресурсах растений для производства продовольствия и ведения сельского хозяйства, Статья 9.3.

97.   Руководящие принципы ОЭСР, IX.

Приложения А Список использованной литературы

CAO (2013), *Ежегодный доклад*, Советник по контролю за соблюдением уставных требований МИГА, Вашингтон.

МОТ (2005), *О безопасности и гигиене труда в сельском хозяйстве*, Международная организация труда, Женева.

МОТ (2006), *Трехсторонняя декларация о принципах, касающихся многонациональных предприятий и социальной политики, затрагивающих деятельность таких предприятий и ее последствия в социальном плане*, Международная организация труда, Женева.

МОТ (2008), *Принципы Глобального договора ООН в области трудовых отношений: руководство для бизнеса*, Международная организация труда, Женева.

МОТ (2011b), *О безопасности и гигиене труда в сельском хозяйстве, Кодекс практики*, Международная организация труда, Женева.

МФК (2012), *Стандарты деятельности МФК*, Международная финансовая корпорация, Вашингтон, округ Колумбия.

ОЭСР (2011), *Руководящие принципы ОЭСР для многонациональных предприятий - редакция 2011 года*, ОЭСР, Париж, http://mneguidelines.oecd.org/text.

CAO (2008), A Guide to Designing and Implementing Grievance Mechanisms for Development Projects, Advisory Note, Compliance Advisor Ombudsman, Washington DC.

DEFRA (2003), "Preface", in *The Code of Recommendations for the Welfare of Livestock*, United Kingdom Department of Environment, Food and Rural Affairs, London.

EC (2011), *Report - A Sectoral Approach to CSR to Tackle Societal Issues in the Food Supply Chain*, High Level Forum for a Better Functioning Food Supply Chain, Expert Platform on the Competitiveness of the Agro-food Industry, European Commission, Brussels.

FAO (2013), Trends and Impacts of Foreign Agricultural Investment in Developing Country Agriculture: Evidence from Case Studies, Food and Agriculture Organization, Rome.

FAO (2011), Report of Expert Meeting on International Investment in the Agricultural Sector of Developing Countries, 22-23 November 2011, Food and Agriculture Organization, Rome.

FAO (2010), *Principles for Responsible Agricultural Investment that Respects Rights, Livelihoods and Resources*, Discussion Note Prepared by FAO, IFAD, UNCTAD and the World Bank Group, Food and Agriculture Organization, Rome.

IFC (2014), *Improving Animal Welfare in Livestock Operations*, Good Practice Note, International Finance Corporation, Washington DC.

IFC (2009), Addressing Grievances from Project-affected Communities - Guide for Projects and Companies Designing Grievance Mechanisms, Good Practice Note No. 7, International Finance Corporation, Washington DC.

IFPRI (2006), Occupational Health Hazards of Agriculture - Understanding the Links between Agriculture and Health, Brief 13(8), International Food Policy Research Institute, Washington DC.

ILO (2011a), "Unleashing rural development through productive employment and decent work: Building on 40 years of ILO work in rural areas", *Paper to the Governing Body's Committee on Employment and Social Policy*, International Labour Organization, Geneva.

McDermott, M. *et al.* (2015), *Towards the Valuation of Unregistered Land*, Paper Prepared for a Presentation at the 2015 World Bank Conference on Land and Poverty by McDermott, M., Selebalo, C. and Boydell, S., World Bank, Washington DC.

Munden Project (2013), Global Capital, Local Concessions: A Data-Driven Examination of Land Tenure Risk and Industrial Concessions in Emerging Market Economies, The Munden Project Ltd.

OECD (2006), "OECD Risk Awareness Tool for Multinational Enterprises in Weak Governance Zones", in *Annual Report on the OECD Guidelines for Multinational Enterprises 2006: Conducting Business in Weak Governance Zones*, OECD Publishing, Paris, *http://dx.doi.org/10.1787/mne-2006-4-en*.

RSPCA (2014), *Large-scale Farming, A Briefing Paper with an Emphasis on Dairy Farming*, Royal Society for the Prevention of Cruelty to Animals, Southwater.

TI (2011), "Corruption in the land sector", Working Paper 04/2011, Transparency International.

UN (2009), *Large-scale land acquisitions and leases - A set of minimum principles and measures to address the human rights challenge*, UN Special Rapporteur on the Right to Food, United Nations document A/HRC/13/33/3/Add.2, *www.srfood.org/images/stories/pdf/officialreports/20100305_a-hrc-13-33-add2_land-principles_en.pdf.*

UNCTAD (2009), *Transnational Corporations, Agricultural Production and Development*, World Investment Report, United Nations Conference on Trade and Development, New York and Geneva.

UNEP (2015), Bank and Investor Risk Policies on Soft Commodities, A Framework to Evaluate Deforestation and Forest Degradation Risk in the Agricultural Value Chain, United Nations Environment Programme.

UN HABITAT (2015), *Issue Papers and Policy Units of the Habitat III Conference*, United Nations Conference on Housing and Sustainable Urban Development, Nairobi.

WB and UNCTAD (2014), The Practice of Responsible Investment in Larger-Scale Agricultural Investments – Implications for Corporate Performance and Impacts on Local Communities, World Bank Report Number 86175-GLB, Agriculture and Environmental Services Discussion Paper 08, World Bank and United Nations Conference on Trade and Development, Washington DC.

Приложение В

Взаимодействие с коренными народами

Как указано в типовой политике предприятий до начала реализации любой деятельности, которая может оказывать влияние на местные сообщества, а также в процессе и по завершении деятельности необходимо проводить добросовестные, эффективные и содержательные консультации с местными сообществами. Кроме того, некоторые международные документы и стандарты налагают на государства обязательства по участию в консультациях с целью получения свободного, предварительного и осознанного согласия (СПОС) коренных народов до утверждения любого проекта, затрагивающего земли или территории, а также другие ресурсы таких народов[1]. По мнению ряда органов по правам человека и коренных народов понятие «СПОС» связано с правом на самоуправление, территориальными и культурными правами коренных народов и является обязательным условием для реализации таких прав. В некоторых странах действующее национальное законодательство налагает обязательство о проведении консультаций и осуществлении сотрудничества с целью получения СПОС[2].

Принципы ОИСХ-КВПБ и ДРП РВ предусматривают требование о проведении содержательных консультаций для получения СПОС коренных народов. Кроме того, некоторые крупные агропродовольственные предприятия и круглые столы по вопросам сырьевых товаров выдвигают требование о получении СПОС при определенных условиях. Так, например, Круглый стол по вопросам экологически устойчивого производства пальмового масла (RSPO) требует получения СПОС затрагиваемых групп при использовании земель под пальмовые плантации[3]. В Руководящих принципах ОЭСР упоминаются документы ООН, касающиеся прав коренных народов в контексте оказания неблагоприятного воздействия на права человека, но без указания каких-либо формулировок по СПОС[4].

Определение понятия «коренные народы»

Отсутствует единое определение понятия «коренные народы», коренные малочисленные народы не являются однородными образованиями. Однако в соответствии с Конвенцию № 169 Международной организации труда (МОТ) коренные народы – это особая социально-культурная группа, которая в той или иной степени обладает следующими характеристиками:

- указание самих народов на их принадлежность к числу отдельной культурной группы

- сохранение традиционного уклада жизни

- культура и уклад жизни, отличные от других групп населения страны, например, их способы зарабатывания на жизнь, язык, обычаи и т.п.

- своя собственная социальная организация, включающая традиционные обычаи и/или законы[5].

Самоидентификация является основополагающим критерием для признания коренных народов[6].

По сравнению с другими группами заинтересованных коренные народы могут по-иному или в более тяжелой форме страдать от неблагоприятных воздействий ввиду их отношения к земле, которая зачастую играет важную роль в социально-культурной и религиозной практике, их культурных и социально-экономических ценностях. Они зачастую являются одними из самых маргинализированных и уязвимых слоев населения. Они могут сталкиваться с дискриминацией и для них характерна высокая степень бедности, что делает их более уязвимыми и менее стойкими перед неблагоприятными воздействиями. Независимо от нормативной правовой среды, в которой осуществляется деятельность, они зачастую имеют обычные или традиционные права, основанные на их отношении к земле, их культуре и социально-экономическом положении:

- **Земля:** Коренные народы часто имеют особую связь и/или обычные права на исконные земли. Эта связь с землей является отличительной чертой коренных народов, и поэтому воздействия, связанные с землёй, например, ограничение или утрата доступа к земле или ухудшение состояния окружающей среды, могут оказывать более серьезное влияние на коренные народы, их средства к существованию и культуру, чем на другие не коренные группы заинтересованных сторон. Кроме того, национальное законодательство не признает обычные земельные права коренных народов. В ходе проведения консультаций необходимо изучить нематериальную ценность священных мест или территорий культурного значения.

- **Культура**: Коренные народы могут являться обладателями уникальных культурных ценностей и характеристик, которые необходимо учитывать и уважать в ходе взаимодействия с ними. Так, в частности, в связи с ранее наблюдаемыми проявлениями социальной или культурной дискриминации и маргинализации, или уязвимости по причине отсутствия контакта с основными культурами, для коренных народов особое значение может иметь вопрос сохранения уединённости. В таких случаях надлежащая практика взаимодействия может предусматривать получение согласия при письменный сбор информации о ритуалах, церемониях и обрядах посвящения для недопущения причинения вреда культурной жизни. Это особенно важно, когда деятельность ведет к переселению и/или перемещению. Поскольку традиционный уклад жизни коренных народов, как правило, тесно связан с конкретной территорией, переселение может вести к утрате социальных связей, подрыву культуры, а также утрате языка и самобытности. Трудоустройство на крупных предприятиях также может причинять ущерб традиционным занятиям некоторых коренных народов. Внедрение экономики наличных расчётов может стать несовместимым с ранее существовавшими отношениями на основе обмена. Взаимодействие с коренными народами позволяет найти пути минимизации таких последствий и учесть их чаяния и приоритеты.

- **Социально-экономическое положение:** Во многих уголках света коренные народы являются наиболее маргинализированными и уязвимыми слоями населения. Они зачастую сталкиваются с дискриминацией и для них характерен высокий уровень бедности и социального неблагополучия. Они зачастую менее всего проинформированы и не могут защитить свои права и культурное наследие. Это означает, что они могут в меньшей степени противостоять ударам и неблагоприятным воздействиям и более всего подвержены серьезным экономическим и социальным последствиям. Они могут говорить на уникальных диалектах или иметь традицию устной коммуникации, что может затруднить эффективный обмен информацией и требовать применения инновационных методов консультирования и взаимодействия. Кроме того, важно учитывать, что прошлые разногласия могут осложнять деятельность, затрудняя работу.

К коренным группам относятся лица, которые по-иному могут страдать от неблагоприятных воздействий, включая уязвимые группы, такие, как женщины и дети, которых в процессе взаимодействия необходимо уделять особое внимание.

Реализация принципа СПОС

Предприятия должны всегда соблюдать нормы и требования национального законодательства, а также уважать соответствующие признанные на международном уровне права человека[7]. Вне зависимости от нормативных или оперативных требований и в ходе планирования своего проекта им необходимо предугадать готовность коренных народов к проведению консультаций в целях получения их СПОС, а также возможные риски, связанные с неоправданными ожиданиями. В странах, в которых получение СПОС не является обязательным требованием, предприятиям необходимо учитывать местные ожидания, риски для коренных народов[8] и деятельности, связанные с сопротивлением со стороны местного населения. Они должны придерживаться стратегии взаимодействия, соответствующей законным ожиданиям коренных народов при соблюдении ими требований национального законодательства.

В этой связи в рамках реализации принципа СПОС при взаимодействии с коренными народами полезными могут стать следующие ключевые меры:

- Согласование с затрагиваемыми коренными народами порядка проведения консультаций с целью получения их СПОС. Сюда входит определение конкретных текущих и будущих видов деятельности, требующих получения согласия[9]. В некоторых случаях целесообразно подтвердить свою готовность к такому порядку посредством оформления официального или правового соглашения[10]. Данный процесс всегда должен осуществляться на основе проведения добросовестных переговоров, свободных от принуждения, запугивания или манипуляций.

- Проведение консультаций и достижение договоренности о том, что будет являться надлежащим согласием затрагиваемых коренных народов в соответствии с их институтами управления, нормами и практикой обычного права, например, большинство голосов членов сообщества или одобрение совета старейшин. Коренные народы должны иметь возможность принимать участие через своих свободно избранных представителей и свои традиционные или другие институты.

- Принять участие в процессе максимально оперативного получения согласия в ходе планирования проекта до начала реализации деятельности, требующей получения согласия, или получения разрешения на осуществления деятельности.

- Признание, что получение СПОС является итеративным, а не разовым процессом. Непрерывный диалог с местным сообществом приведет к созданию доверительных отношений и достижению сбалансированного соглашения, благоприятно сказываясь на инвестиционных мероприятиях.

- Своевременное, объективное, достоверное и четкое информирование коренных сообществ о деятельности.

- Документирование обязательств/достигнутых соглашений, в том числе документальная фиксация видов деятельности, на осуществление которых было получено или не получено согласие, условий предоставления согласия и вопросов, по которым продолжаются переговоры, а также своевременная передачи документации коренным сообществам в понятной для них форме и на понятном языке.

- Определение мер, которые должны быть предприняты в случае, если: a) коренные народы отказываются от проведения переговоров; и b) коренные народы отказываются дать своё согласие на осуществление деятельности на их территории.

Реагирование на неполучение согласия или отказ от взаимодействия

В случае неполучения согласия коренных сообществ предприятию необходимо проконсультироваться с местным населением для выяснения причины несогласия и путей разрешения или урегулирования существующих проблем. Ранее полученное СПОС не может быть отозвано без наличия на то правовых оснований.

В случае, когда получение согласия не требуется или когда коренные народы отказываются взаимодействовать, предприятие может столкнуться с материальными рисками, а коренные народы – с неблагоприятными последствиями. В ситуациях, когда дальнейшая реализация проектов будет оказывать неблагоприятное воздействие на коренные народы, предприятие должно предпринять необходимые шаги, направленные на прекращение или предупреждение такого воздействия[11].

Если в результате комплексной экспертизы[12] предприятие приходит к заключению о том, что для продолжения деятельности требуется получение согласия, которое не было получено в установленном порядке, деятельность не может осуществляться при невозможности получения СПОС. Так, например, финансируемый МФК проект не должен реализовываться, несмотря на полученное государственное разрешение, когда его реализация предполагает переселение коренного населения, на осуществление которого не было получено СПОС.

Выдержки из существующих документов и стандартов

Стандарт	Текст, касающийся СПОС
Декларация Организации Объединенных Наций о правах коренных народов (ДПКН)[*]	*Никакое перемещение не осуществляется без свободного, предварительного и осознанного согласия соответствующих коренных народов (Статья 10).* *Государства обеспечивают средства правовой защиты через эффективные механизмы, которые могут включать в себя реституцию, разработанные совместно с коренными народами, в отношении их культурной, интеллектуальной, религиозной и культовой собственности, отчужденной без их свободного, предварительного и осознанного согласия или в нарушение их законов, традиций и обычаев (Статья 11).* *Государства добросовестно консультируются и сотрудничают с соответствующими коренными народами через их представительные институты с целью заручиться их свободным и осознанным согласием до утверждения любого проекта, затрагивающего их земли или территории и другие ресурсы, особенно в связи с освоением, использованием или разработкой полезных ископаемых, водных или других ресурсов (Статья 32).* Дополнительные положения о СПОС содержатся в Статьях 19, 29 и 30.
Конвенция МОТ № 169 о коренных народах и народах, ведущих племенной образ жизни[**]	*Если переселение указанных народов считается необходимым в виде исключительной меры, такое переселение имеет место только при наличии их свободного и сознательного согласия. При невозможности получить их согласие такое переселение имеет место только в соответствии с установленными национальными законами должными процедурами, включая, при необходимости, официальные расследования, предоставляющими соответствующим народам возможность эффективного представительства (Статья 16).*
Принципы ОИСХ-КВПБ	*Ответственное инвестирование в сельскохозяйственные и продовольственные системы включает …справедливые и всеобъемлющие структуры и процессы управления и принятия решений…путем… эффективных и содержательных консультаций с коренными народами, проводимых через представляющие их институты, с тем чтобы, в соответствии с положениями Декларации Организации Объединенных Наций о правах коренных народов, от них было получено свободное, предварительное и информированное согласие, с должным учетом особенностей позиций и понимания, свойственных отдельным государствам (Принцип 9).*
ДРП РВ	*Перед тем как начинать какой-либо проект, а также перед принятием и осуществлением законодательных либо административных мер, затрагивающих ресурсы, права на*

Стандарт	Текст, касающийся СПОС
	которые принадлежат общинам, государствам и другим сторонам, следует проводить добросовестные консультации с коренными народами. Такие проекты должны основываться на эффективных и содержательных консультациях с коренными народами, проводимых через представляющие их институты, с тем чтобы, в соответствии с положениями Декларации Организации Объединенных Наций о правах коренных народов, от них было получено свободное, предварительное и информированное согласие, с должным учетом особенностей позиций и понимания, свойственных отдельным государствам (пункт 9.9).

В случае коренных народов и их общин, государствам следует обеспечивать, чтобы все действия совершались в соответствии с их действующими обязательствами в рамках национального и международного права и с должным учетом добровольных обязательств в рамках применимых региональных и международных документов, включая, в соответствующих случаях, обязательства, вытекающие из Конвенции Международной организации труда № 169 о коренных народах и народах, ведущих племенной образ жизни в независимых странах, и Декларации Организации Объединенных Наций о правах коренных народов (пункт 12.7).

| Руководящие принципы Агуэй-гу | *При проведении оценок культурных последствий следует уделять должное внимание носителям традиционных знаний, нововведений и практики и самим знаниям. ... В случае разглашения секретных и/или духовных знаний необходимо обеспечивать предварительное обоснованное согласие и надлежащие меры защиты (Параграф 29).* |

Следующие общие соображения также должны быть приняты во внимание при проведении оценки воздействия проекта, который предлагается провести или который может оказать воздействие на священные места, а также на землях и в акваториях, традиционно занимаемых или используемых коренными и местными общинами:

- *В случаях, если национальный правовой режим требует получения предварительного обоснованного согласия коренных и местных общин, то в процессе оценки следует устанавливать, было ли получено такое предварительное обоснованное согласие. В предварительном обоснованном согласии, соответствующем различным этапам процесса оценки последствий, следует учитывать права, знания, нововведения и практику коренных и местных общин; использование соответствующего языка и процессов; выделение достаточного запаса времени и предоставление точной, достоверной и юридически корректной информации. В случае изменения первоначально предложенной реализации*

Стандарт	Текст, касающийся СПОС
	проекта необходимо будет получать дополнительное предварительное обоснованное согласие затронутых коренных и местных общин (пункт 53).
	• *Право собственности, защита и контроль традиционных знаний, нововведений, практики и технологий, используемых в процессах оценки культурных, экологических и социальных последствий... Такие знания могут быть использованы только при получении предварительного обоснованного согласия владельцев таких традиционных знаний (пункт 60).*
Стандарты деятельности МФК	*Универсального определения понятия СПОС не существует (...). СПОС опирается и расширяет процесс информированного консультирования и участия, рассмотренный в Стандарте деятельности 1, и достигается на основе добросовестных переговоров между клиентом и Затронутыми сообществами коренных народов. Клиент документально фиксирует: (i) процесс, взаимоприемлемый для клиента и Затронутых сообществ коренных народов, и (ii) подтверждение соглашения, достигнутого по итогам переговоров сторон. СПОС не требует непременного единодушия, т.е. может быть достигнуто, даже если отдельные представители или группы сообщества открыто выражают свое несогласие.* *Затронутые сообщества коренных народов могут быть особенно уязвимы в плане потери, отчуждения или эксплуатации их земель, а также лишения доступа к природным и культурным ресурсам. Признавая эту уязвимость, клиент должен получить СПОС затронутых сообществ коренного населения в следующих обстоятельствах:* • *Воздействия на земли и природные ресурсы, находящиеся в традиционном владении или в привычном пользовании.* • *Перемещение коренных народов с земель и от природных ресурсов, находящихся в традиционном владении или в привычном пользовании: Клиент должен рассмотреть практически осуществимые альтернативные проектные решения во избежание перемещения коренных народов с их общинной земли и от природных ресурсов, находящихся в их традиционном владении или привычном пользовании. Если такого перемещения избежать невозможно, клиент не может начать реализацию проекта без получения СПОС.* • *Критически важное культурное наследие: Если существенное влияние проекта на критически важное культурное наследие неизбежно, клиент должен получить СПОС затронутых сообществ коренных народов. Если проект предусматривает использование культурного наследия, в том числе знаний, инноваций и опыта коренных народов в коммерческих целях,*

Стандарт	Текст, касающийся СПОС
	клиент должен...получить СПОС затронутых сообществ коренных народов.

* Декларация 2007 года является не имеющим обязательной юридической силы документом, принятым Генеральной Ассамблеей ООН: 143 страны проголосовали «за», 4 - «против» и 11 – «воздержались». Это отражает их политическую волю.

** Данная Конвенция 1989 года обязательна для 22 ратифицировавших ее стран. Ее принятие МОТ представляет консенсус участников трехстороннего партнерства МОТ в отношении прав коренных народов и народов, ведущих племенной образ жизни, и обязанностей правительств по защите этих прав. Конвенция основана на: уважении культуры и образа жизни коренных народов, признании их права на землю и природные ресурсы, а также на определение приоритетов своего развития. Ее основными принципами являются консультации и участие.

Дополнительная информация по вопросам СПОС

Экспертный механизм по правам коренных народов (2011 год), Рекомендация № 2 (2011) Экспертного механизма: Коренные народы и право на участие в процессе принятия решений. Женева.

Foley-Hoag (2010), Implementing a corporate free, prior, and informed consent policy: benefits and challenges, by Lehr, A. and Smith, G.

ФАО (2014), Соблюдение свободного, предварительного и осознанного согласия - Практическое руководство для правительств, компаний, неправительственных организаций, коренных народов и местных сообществ в отношении приобретения земли, Техническое руководство по управлению правом владения и пользования 3.

МОТ (2013), Понимание Конвенции о коренных народах и народах, ведущих племенной образ жизни, 1989 (№ 169), Руководстве МОТ для трёхсторонних участников МОТ, Департамент международных трудовых норм, Международная организация труда, Женева.

ОЭСР (2016), Руководство ОЭСР по комплексной оценке для эффективного взаимодействия с заинтересованными сторонами в добывающем секторе, ISBN 9789264252462, ОЭСР, Публикация, Париж.

Oxfam Australia (2005), Guide to free, prior and informed consent, by Hill, C., Lillywhite, S. and Simon, S., Carlton, Victoria, Australia.

RSB (2011), Руководящие принципы RSB в области прав на землю: соответствующие права, выявление рисков, предотвращение и разрешение споров и приобретение земли путем свободного, предварительного и осознанного согласия, Женева, Круглый стол по вопросам устойчивого биотоплива.

Постоянный форум ООН по вопросам коренных народов (2005), Отчет о международном семинаре по теме «Методологии осуществления принципа добровольного, предварительного и осознанного согласия коренных народов». Документ E/C.19/2005/3, представленный четвертой сессии ПМООНПИ 16–17 мая.

Всемирный банк (2005), Операционная политика 4.10: Коренные народы. Вашингтон.

1   К международным документам, касающимся коренных народов, относится Декларация Организации Объединённых Наций о правах коренных народов и Конвенция МОТ № 169. Декларация ООН о правах коренных народов рекомендует государствам консультироваться и сотрудничать с соответствующими коренными народами с целью получения их СПОС в ряде ситуаций, в том числе в случае проектов, затрагивающих их земли и территории или другие ресурсы (статьи 19 и 32). Конвенция МОТ № 169, имеющая обязательную юридическую силу для ратифицировавших ее стран, требует от государств-участников проводить консультации с коренными народами с целью достижения договоренности или согласия в отношении предлагаемых мер (статья 6). Разъяснения о положении Конвенции о согласии можно найти в Руководстве МОТ для трёхсторонних участников МОТ «Понимание Конвенции о коренных народах и народах, ведущих племенной образ жизни» 1989 (№ 169) (2013). Другие органы ООН утверждают, что международные стандарты в отношении СПОС в равной степени применяются к негосударственным субъектам. В данным органам относится Постоянный форум ООН по вопросам коренных народов, Рабочая группа по вопросу о правах человека и транснациональных корпорациях, и других коммерческих предприятиях, Специальный докладчик по правам коренных народов, Экспертный механизм по правам коренных народов и несколько договорных органов ООН по правам человека.

2   ФАО, «Уважение свободного, предварительного и осознанного согласия – практическое руководство для правительств, компаний, НПО, коренных народов и местных общин в отношении приобретения земли» (2014), стр. 7, *www.fao.org/3/a-i3496e.pdf.*

3   «Принципы и критерии экологически чистого производства пальмового масла», одобренные Исполнительным советом RSPO и принятые на внеочередной Генеральной Ассамблее членами RSPO 25 апреля 2013 года, гласят, что использование земли под выращивание масличной пальмы не должно ущемлять юридических, традиционных или потребительских прав других пользователей без их свободного, предварительного и осознанного согласия (принцип 2.3.). В качестве индикатора должны быть доступны копии договорных соглашений, подробно излагающие процесс получения СПОС, включая: a) Доказательства того, что план был разработан путем проведения консультаций и обсуждений со всеми затронутыми группами в сообществах, а информация была предоставлена всем затронутым группам, включая информацию о шагах, которые должны быть предприняты для вовлечения их в процесс принятия решений; b) Доказательства того, что предприятие проявило уважение к решениям сообществ о согласии на осуществление деятельности или отказе в его предоставлении в момент принятия этого решения; c) Доказательства того, что затронутые сообщества понимали и осознавали юридические, экономические, экологические и социальные последствия своего разрешения на осуществление деятельности на их землях, в том числе последствия для правового статуса их земель по истечению срока действия прав собственности предприятия, срока концессии или аренды земли.

4   См. Руководящие принципы ОЭСР, IV.40: «[…] предприятиям надлежит соблюдать права человека лиц, принадлежащих к отдельным группам или народностям, требующих особого внимания, если предприятия могут негативно повлиять на их права человека. В этой связи документы Организации

Объединенных Наций содержат особые положения о правах коренных жителей […]».

5   В Конвенции МОТ №. 169 представлены следующие определения коренных народов и народов, ведущих племенной образ жизни. *«Народы, ведущие племенной образ жизни»*: социальные, культурные и экономические условия которых отличают их от других групп национального сообщества и положение которых регулируется полностью или частично их собственными обычаями или традициями или специальным законодательством; *«Коренные народы»*: они рассматриваются как коренные народы ввиду того, что они являются потомками тех, кто населял страну или географическую область, частью которой является данная страна, в период ее завоевания или колонизации или в период установления существующих государственных границ и которые, независимо от их правового положения, сохраняют некоторые или все свои социальные, экономические, культурные и политические институты.

6   См. Конвенцию МОТ №. 169, статья 1.2.

7   Руководящие принципы ОЭСР, I.2 и IV.1.

8   Дополнительную информацию об ожиданиях местных сообществ в части СПОС можно найти на следующих ресурсах: *Guide to Free Prior and Informed Consent*, Oxfam Australia (2014); *Making Free Prior and Informed Consent a Reality: Indigenous Peoples and the Extractive Industries,* Doyle C. and Carino J., Middlesex University, PIPLinks & ECCR (2013), *www.ecojesuit.com/wp-content/uploads/2014/09/Making-FPIC-a-Reality-Report.pdf.*

9   Международные документы, упомянутые в таблице ниже, определяют обстоятельства, при которых необходимо получать СПОС, например, в случаях вынужденного переселения.

10   Было высказано предположение, что СПОС можно трактовать как усиленную и более формализованную форму взаимодействия с сообществами. В результате в некоторых случаях компании могут проводить более формальный процесс консультаций при разработке проекта на территории или вблизи территории проживания коренных народов, что может иметь значительные неблагоприятные последствия. См. Lehr & Smith, *Implementing a Corporate Free Prior Informed Consent Policy, www.foleyhoag.com/publications/ebooks-and-white-papers/2010/may/implementing-a-corporate-free-prior-and-informed-consent-policy,* Foley Hoag (2010), стр. 8. Институт мировых ресурсов осуществляет консультирование предприятий, пытающихся преодолеть трудности, связанные с реализацией на практике принципа СПОС, путем юридического признания этого процесса – например, официальное соглашение наряду с другими добросовестными практиками взаимодействия с заинтересованными сторонами. См. *Development without Conflict: The Business Case for Community Consent, Development without Conflict: The Business Case for Community Consent,* Институт мировых ресурсов (2007).

11   Руководящие принципы ОЭСР, II.В.18-19 и IV.40 и 42.

12   Необходима юридическая экспертиза для уточнения правовых обязательств в отношении взаимодействия с коренными народами.